Caroline Bach

le petit livre RECETTES DE BÉBÉ et premiers repas

FIRST
ÉDITIONS

NOMBRE DE BÉBÉS
TEMPS DE PRÉPARATION
TEMPS DE CUISSON
TEMPS DE REPOS
TREMPAGE / MARINADE
TEMPS DE RÉFRIGÉRATION
TEMPS DE CONGÉLATION

ISBN : 978-2-412-05823-7
Dépôt légal : septembre 2020
Imprimé en Italie

Mise en page : Istria
Illustration de couverture : © Shutterstock

Éditions First, un département d'Édi8
92, avenue de France
75013 Paris – France
Tél. 01 44 16 09 00
Fax 01 44 16 09 01
E-mail : firstinfo@efirst.com
Site internet : www.editionsfirst.fr

INTRODUCTION

Que faut-il pour devenir un adulte gourmet, qui apprécie les saveurs et aime cuisiner ? Sans doute une éducation gustative précoce par une maman ou un papa qui aime faire découvrir à son enfant des goûts nouveaux au bon moment, et avec diplomatie.

Il y a un âge pour tout

Si l'alimentation exclusivement lactée est recommandée jusqu'à 4 mois, il est nécessaire de faire découvrir peu à peu à l'enfant des saveurs nouvelles, selon un calendrier bien précis, afin de ménager son tube digestif encore fragile et immature.

L'alimentation de votre bébé de 4 mois à 1 an

Peu à peu, vous allez faire découvrir à votre enfant les bienfaits et les plaisirs d'une alimentation diversifiée. Certains bébés ont une grande curiosité gustative, d'autres sont plus réticents à accepter le changement. Respectez la personnalité de votre enfant, n'imposez pas, proposez.

En cas de refus, attendez quelques jours pour renouveler l'expérience.

La découverte de la cuillère

C'est à partir du quatrième mois que la déglutition volontaire se met en place. C'est à ce moment-là que l'alimentation va pouvoir s'épaissir, se diversifier et que le passage à la cuillère va se faire. L'enfant risque de ne pas immédiatement accepter cet objet froid, dur, si différent de la tétine. Plusieurs tentatives seront en général nécessaires.

L'important, c'est que l'ustensile soit adapté aux dimensions de la bouche de votre tout-petit. Choisissez une cuillère droite, très étroite et plate afin que le bébé puisse, dans un premier temps, sucer son contenu.

La cuillère en silicone peut permettre une bonne transition avec la tétine du biberon. Celle en plastique, matériau moins froid que le métal, est tout autant agréable en bouche. Très douce, elle ne risque pas de blesser les gencives, parfois douloureuses et irritées à l'approche des premières dents.

Commencez le repas par 1 à 2 cuillerées avant de donner le biberon. En effet, s'il est rassasié, bébé ne fera aucun effort pour « goûter » à cette nouveauté.

Le passage du liquide au solide

Il est donc conseillé de commencer la diversification alimentaire entre 4 et 6 mois révolus afin de mettre le nourrisson en contact avec les divers allergènes pour induire une tolérance et éviter l'apparition d'allergies alimentaires.

On commence par proposer à bébé les légumes sous forme de purée entre 4 et 6 mois, ainsi que les fruits en compotes (notamment de pommes). Leur saveur sucrée rend plus facile l'apprentissage de la cuillère. C'est au repas de midi que vous pourrez commencer à introduire 2 à 3 cuillerées à café de purée de légumes.

Donnez-les soit à la cuillère, soit dans le biberon. Augmentez tous les deux jours de 2 à 3 cuillerées à café selon l'envie de l'enfant.

Vous proposerez après une quinzaine de jours les fruits sous forme de compote au goûter, après le biberon de lait pour que bébé ne soit pas affamé.

N'oubliez pas de donner de l'eau au cours du repas : c'est indispensable à partir de 1 an. L'introduction des laitages se fait à partir de 5 mois. Vous pouvez commencer à mélanger les compotes de fruits avec 1 ou 2 cuillerées de fromage blanc, de petit-suisse, ou de yaourt entier. L'introduction des produits laitiers permet à bébé de découvrir autre chose que le lait, qui doit cependant garder une place importante dans son alimentation : pas moins de 500 ml de lait ou de laitages par jour jusqu'à 12 mois !

Vers 6 mois environ, on peut commencer à introduire la viande hachée ou le poisson, en commençant par 1 cuillerée à café à un repas. On débute donc avec 10 g de viande ou de poisson, puis 20 g à 9 mois, 30 g à partir de 12 mois. L'œuf est introduit à partir de l'âge de 6 mois : ¼ d'œuf dur, puis ⅓ vers 9 mois, et ½ à 12 mois et 1 entier à partir de 3 ans.

À partir de 7 mois, bébé peut goûter les fromages à pâte molle (crèmes de gruyère...) ou de fines lamelles de gruyère. Proposez-lui le fromage à la place du yaourt ou du petit-suisse à un des deux repas principaux de la journée.

Les féculents sont introduits rapidement, à partir de 6 mois, avec la pomme de terre, puis les pâtes de petit calibre, comme le vermicelle ou l'alphabet, à incorporer dans la soupe ou la purée de bébé.

Côté légumes, de 8 à 9 mois, les petits morceaux tendres, comme de la carotte cuite, peuvent être proposés.

C'est seulement à partir de 15-18 mois que les légumes secs pourront être incorporés dans le plat principal, car ils sont moins digestes que les légumes et les féculents.

Dans tous les cas, n'oubliez pas que votre meilleur interlocuteur, c'est le pédiatre qui suit votre enfant.

L'alimentation de votre enfant de 1 an à 3 ans

À 1 an, bébé a une alimentation variée. Il se tient assis tout seul dans la chaise haute et a envie de manger seul à la cuillère. Il a de plus en plus de dents et peut maintenant manger des morceaux fondants.

Les crudités vont être introduites, ce qui va éveiller bébé à d'autres textures et d'autres saveurs.

Enfin bébé veut tout attraper, y compris les aliments ! Il commence à boire seul à la timbale.

C'est le moment de le laisser manger et boire seul, même s'il en met souvent partout !

À vous de vous adapter et de lui proposer des aliments qui lui plaisent. N'oubliez pas que le décor de l'assiette est important et qu'il appréciera une présentation colorée, des croquettes en forme de cœur ou de poisson, une purée dessinée en forme de chat...

Respecter les goûts et les préférences de votre enfant

C'est la meilleure façon d'éviter une opposition de principe. Mais que faire s'il refuse un aliment ? N'insistez pas, mais ne vous découragez pas ! Proposez-lui à nouveau, quelques jours plus tard, puis réessayez plusieurs fois. Les enfants ont souvent peur de la nouveauté. En lui présentant l'aliment plusieurs fois ou en le faisant participer au repas familial, vous le familiariserez aux nouveaux aliments !

Gérer les quantités et la fréquence des repas

Dès les premiers mois, un enfant est capable d'adapter les quantités qu'il consomme en fonction de ses besoins. Il régule ainsi sa prise alimentaire sur la journée : s'il mange trop lors d'un repas, il mangera moins au repas suivant... Faites-lui confiance, et s'il n'a plus faim, ne le forcez pas à finir son assiette !

Rythmer les repas

On prévoit 4 repas par jour dès 6-8 mois : petit-déjeuner, déjeuner, goûter et dîner. Structurer ainsi l'alimentation de votre enfant sur la journée lui permet d'acquérir de bonnes habitudes le plus tôt possible. C'est aussi un moyen de lui transmettre le plaisir de passer du temps à table.

Le *batch cooking* : préparer les repas de bébé en prenant de l'avance

Lorsque l'on a envie de cuisiner des petits plats maison à son enfant, mais que l'on n'a pas forcément de temps à y consacrer chaque jour, on peut les préparer et les congeler. Ainsi, en quelques heures le week-end, la semaine de petits plats de bébé est préparée, portionnée et congelée.

C'est le principe du *batch cooking* !

Les ustensiles

Afin de préparer, de portionner puis de congeler les repas de bébé, certains ustensiles de cuisine sont nécessaires.

Un cuit-vapeur/mixeur

Ce peut être un robot 2 en 1 qui cuit puis mixe dans la même cuve les aliments pour bébé. Ces baby-robots ont une contenance pour 1 ou 2 portions et conviennent lorsque l'on a un enfant ou des jumeaux.

Un congélateur

Indispensable pour conserver vos plats plus de 3 jours. Afin d'éviter les chocs thermiques et de permettre le refroidissement à cœur, il est préférable d'entreposer d'abord le plat au réfrigérateur au moins 2 heures.

Des contenants pour conserver les repas

Des bacs à glaçons, des pots en verre ou des sachets pour portionner les purées, la viande ou le poisson et les compotes.

En réalisant votre session de *batch cooking*, vous allez réaliser plein de petits pots, en une seule fois ! Alors assurez-vous d'avoir suffisamment de contenants pour les conserver.

N'oubliez pas de noter systématiquement la date de fabrication et le type d'aliment sur le contenant afin d'avoir une traçabilité et de consommer le petit plat dans un délai convenable.

La préparation

Prévoyez en moyenne au moins 2 heures pour cuisiner hebdomadairement les repas de votre ou vos enfants. Faites vos menus pour la semaine et notez les grandes étapes de vos recettes pour ne rien oublier.

Les cuissons à la vapeur préservent un maximum les vitamines et les minéraux des aliments.

Adaptez ensuite la texture à l'âge de bébé : purée, écrasé, morceaux fondants, petits morceaux.

Bien conserver ses petits pots maison

Pour conserver les petits pots maison de bébé, vous avez 4 solutions.

Au réfrigérateur

Conservez vos petits plats dans des récipients hermétiques.

Avant de placer le plat de bébé au réfrigérateur, laissez-le refroidir (au maximum 2 heures). Cela évitera d'augmenter la température du réfrigérateur, au risque de compromettre la conservation des aliments qui s'y trouvent déjà.

Selon la nature des préparations, la durée de conservation au réfrigérateur varie :

- Les légumes cuits : de 3 à 5 jours.
- Les compotes de fruits : jusqu'à 7 jours.
- La viande ou le poisson cuit : de 2 à 3 jours.
- Le jambon tranché préemballé ou entamé : de 3 à 4 jours.
- Les œufs durs : 1 semaine non écalés, 2 jours écalés.

Au congélateur

Si vous souhaitez conserver les plats de bébé plus longtemps, la congélation est idéale. Vous pouvez congeler vos préparations en petites portions dans des bacs à glaçons ou dans des pots en verre hermétiques que vous décongèlerez le moment venu.

La congélation n'altère pas (ou peu) les qualités des aliments, ni leur valeur nutritive. Le goût et la texture sont préservés.

En congelant des « glaçons » de purées de légumes (ou de fruits) nature, vous pouvez ensuite faire des mélanges.

Par exemple : 4 « glaçons » de carotte + 4 « glaçons » de brocoli = 120 g de purée carotte-brocoli.

Les quantités s'adaptent à l'âge de bébé : lorsque l'appétit de bébé grandit, on augmente le nombre de « glaçons » à décongeler.

Sous vide

Grâce à un appareil de mise sous vide, on peut augmenter de 10 jours la durée de conservation des purées et des compotes au réfrigérateur.

En conserve (stérilisation maison)

Si vous n'avez pas de congélateur, ce peut être une option pour conserver vos préparations de façon durable. Cependant, la stérilisation altère légèrement le goût et les qualités nutritionnelles des aliments.

Les pots stérilisés peuvent se garder 12 mois à température ambiante.

Les menus types par âge

Les quantités sont toujours à adapter à l'appétit de bébé.

Menu type d'un enfant de 5-6 mois

Le matin

Lait maternel ou 1 biberon de 240 ml de lait 2e âge

À midi

De 120 à 200 g de purée de légumes sans sel ajouté
1 tétée ou 1 biberon de 150 ml de lait 2e âge

Au goûter

1 tétée ou 1 biberon de 150 ml de lait 2e âge
De 60 à 100 g de compote de fruits sans sucre ajouté

Au dîner

Lait maternel ou 1 biberon de 240 ml de lait 2e âge

Menu type d'un enfant de 8 mois

Le matin

Lait maternel ou 1 biberon de 240 ml de lait 2e âge

À midi

Environ 200 g de purée de légumes et féculents sans sel ajouté + 1 cuillerée à café d'huile d'olive ou de colza
+ 10 g de viande ou de poisson ou ¼ d'œuf dur
De 60 à 100 g de compote de fruits sans sucre ajouté

Au goûter

1 tétée ou 1 biberon de 150 ml de lait 2e âge ou 1 yaourt au lait entier nature, ou 100 g de fromage blanc entier, ou 1 ou 2 petits-suisses au lait entier

De 60 à 100 g de compote de fruits sans sucre ajouté

Au dîner

Lait maternel ou 1 biberon de 240 ml de lait 2e âge

Menu type d'un enfant de 9-10 mois

Le matin

Lait maternel ou 1 biberon de 240 ml de lait 2e âge

À midi

Environ 200 g de purée de légumes et féculents (avec morceaux) sans sel ajouté + 1 cuillerée à café d'huile d'olive ou de colza + 20 g de viande ou de poisson ou ⅓ d'œuf dur

Environ 100 g de compote de fruits sans sucre ajouté, ou 1 fruit bien mûr

Au goûter

1 tétée ou 1 biberon de 150 ml de lait 2e âge ou 1 yaourt au lait entier nature, ou 100 g de fromage blanc entier, ou 1 ou 2 petits-suisses au lait entier

Environ 100 g de compote de fruits sans sucre ajouté

Au dîner

Environ 130 g de légumes + 1 biberon de 210 à 240 ml de lait 2e âge (ou lait maternel)

Menu type d'un enfant de 11-12 mois

Le matin

Lait maternel ou 1 biberon de 240 ml de lait 2e âge

À midi

Environ 200 g de purée de légumes et féculents (avec morceaux) sans sel ajouté + 1 cuillerée à café d'huile d'olive ou de colza + 20 g de viande ou de poisson ou ⅓ d'œuf dur

Environ 100 g de compote de fruits sans sucre ajouté ou 1 fruit bien mûr

Au goûter

1 tétée ou 1 biberon de 150 ml de lait 2e âge ou 1 yaourt au lait entier nature ou 100 g de fromage blanc entier ou 1 ou 2 petits-suisses au lait entier

Environ 100 g de compote de fruits sans sucre ajouté

Au dîner

Environ 130 g de légumes et féculents

1 biberon de 180 à 210 ml de lait 2e âge (au lait maternel)

Menu type d'un enfant de 12-15 mois

À midi

Éveil aux crudités

Environ 150 g de légumes cuits + 1 ou 2 cuillerées à café d'huile de colza

Environ 50 g de féculents ou du pain

30 g de viande ou de poisson ou ½ œuf dur

1 laitage entier nature
1 fruit

Au goûter

1 tétée ou 1 produit laitier
1 fruit
1 morceau de pain ou 1 petit gâteau peu sucré

Au dîner

Environ 150 g de légumes + 1 ou 2 cuillerées à café d'huile d'olive ou de colza
Environ 50 g de féculents ou du pain
1 laitage entier nature ou 180 ml de lait de croissance

Menu type d'un enfant de 15-18 mois

Le matin

Lait maternel ou 1 biberon de 240 ml de lait de croissance
1 morceau de pain + beurre

À midi

30 g de crudités assaisonnées
Environ 150 g de légumes cuits + 1 ou 2 cuillerées à café d'huile d'olive ou de colza
Environ 50 g de féculents ou du pain
30 g de viande ou de poisson ou ½ œuf dur
1 laitage entier nature
1 fruit

Au goûter

1 tétée ou 1 produit laitier

1 fruit

1 morceau de pain ou 1 petit gâteau peu sucré

Au dîner

Environ 150 g de légumes + 1 ou 2 cuillerées à café d'huile d'olive ou de colza

Environ 50 g de féculents ou du pain

1 laitage entier nature ou 150 ml de lait de croissance

1 fruit

Menu type d'un enfant de 18-24 mois

Le matin

Lait maternel ou 1 biberon de 240 ml de lait de croissance

1 morceau de pain + beurre

1 fruit

À midi

1 portion de crudités assaisonnées

Environ 180 g de légumes cuits + 1 ou 2 cuillerées à café d'huile de colza

Environ 50 g de féculents ou du pain

30 g de viande ou de poisson ou ½ œuf dur

1 laitage entier nature

1 fruit

Au goûter

1 tétée ou 1 produit laitier

1 fruit

1 morceau de pain ou 1 petit gâteau peu sucré

Au dîner

1 portion de crudités assaisonnées

Environ 180 g de légumes + 1 ou 2 cuillerées à café d'huile d'olive ou de colza

Environ 50 g de féculents ou du pain

1 laitage entier nature ou 150 ml de lait de croissance

Menu type d'un enfant de 2-3 ans

Le matin

Lait maternel ou 1 biberon de 240 ml de lait de croissance

1 morceau de pain + beurre

1 fruit

À midi

1 portion de crudités assaisonnées

Environ 220 de légumes cuits / féculents + 2 cuillerées à café d'huile d'olive ou de colza

1 morceau de pain

30 g de viande ou de poisson ou 1 œuf dur

20 g de fromage

1 fruit

Au goûter

1 tétée ou 1 produit laitier

1 fruit

1 morceau de pain ou 1 petit gâteau peu sucré

Au dîner

1 portion de crudités assaisonnées

Environ 150 g à 200 g de légumes cuits / féculents + 2 cuillerées à café d'huile d'olive ou de colza

1 laitage entier nature ou 150 ml de lait de croissance

1 fruit

Les recettes sont prévues pour un enfant. Adaptées pour 4 personnes, elles permettront d'associer le plus petit au repas de toute la famille ou de congeler les plats afin de faciliter la vie les jours où vous êtes pressé.

Bon appétit, bébé !

Enfants : les grandes phases de la diversification alimentaire

Mois	1er	2e	3e	4e	5e	6e
Lait	Lait maternel exclusif ou					
	Lait 1er âge exclusif				Lait 1er ou 2e âge	
Produits laitiers					Yaourt	
Fruits					Tous : très mûrs	
Légumes					Tous : purée,	
Pommes de terre					Purée,	
Légumes secs						
Farines infantiles (céréales)					Sans gluten	
Pain, produits céréaliers						
Viandes, poissons					Tous	
Œufs						
M.G. ajoutées						
Boissons	Eau pure : proposée en cas de fièvre ou de forte chaleur					
Sel						
Produits sucrés						

7^{e}	8^{e}	9^{e}	10^{e}	11^{e}	12^{e}	2e année	3e année
Lait maternel exclusif ou							
		Lait 2e âge ≥ 500 ml/j				Lait 2e âge ou de croissance	
ou fromage blanc –> Fromage blanc nature							
ou cuits, mixés, texture homogène lisse –––> crus, écrasés						en morceaux, à croquer	
lisse –––––––––> petits morceaux							
lisse –––––––––> petits morceaux							
						15-18 mois : en purée	
Avec gluten							
Pain, pâtes, semoule, riz							
10 g/j (2 cc)		Hachés : 20 g/j (4 cc)				30 g/j (6 cc)	
1/4 (dur)		1/3 (dur)				1/2	
Huile (olive, colza...) ou beurre (1 cc d'huile ou noisette de beurre au repas)							
Eau pure							
						Peu pendant la cuisson, ne pas resaler à table	
Sans urgence, à limiter							

Source : www.mangerbouger.fr

Bon à savoir

Les principaux allergènes sont notés :

- Gluten
- Arachide (dans aucune recette)
- Poisson
- Œuf
- Lait
- Soja (dans aucune recette)

Les aliments sont notés en poids épluchés, prêts à l'emploi.

LES PREMIÈRES PURÉES

Purée de carottes

1 BÉBÉ

10 MIN

20 MIN

150 g de jeunes carottes

1. Lavez et épluchez les carottes. Rincez-les de nouveau avant de les couper en rondelles.

2. Faites cuire les carottes 20 minutes dans de l'eau bouillante non salée.

3. Mixez finement pour obtenir une purée bien lisse. Vous pouvez ajouter un peu de jus de cuisson pour obtenir une texture plus souple.

Purée de courgettes

1 BÉBÉ
10 MIN
10 MIN

150 g de courgettes

1. Lavez et épluchez les courgettes. Ôtez les pépins et faites-les cuire 5 à 10 minutes dans de l'eau bouillante non salée.

2. Mixez finement pour obtenir une purée bien lisse. Vous pouvez ajouter un peu de jus de cuisson pour obtenir une texture plus liquide.

Purée d'épinards

1 BÉBÉ

10 MIN

10 MIN

150 g d'épinards

1. Rincez abondamment les épinards. Coupez les tiges et faites-les cuire 8 à 10 minutes à l'autocuiseur.

2. Une fois les épinards cuits, mixez finement, en ajoutant un peu d'eau pour obtenir une texture fondante.

Notre suggestion

Si vous manquez de temps, ou en dehors de la saison, vous pouvez utiliser des épinards surgelés, qui ont les mêmes valeurs nutritionnelles que les frais.

1 BÉBÉ

10 MIN

15 MIN

Purée de haricots verts

150 g de haricots verts

1. Lavez et équeutez les haricots verts. Coupez-les en petits tronçons.

2. Faites-les cuire 15 minutes à l'eau bouillante non salée.

3. Mixez-les finement en ajoutant un peu d'eau de cuisson si nécessaire pour obtenir une purée avec une texture bien lisse.

Notre suggestion

Si vous manquez de temps, ou en dehors de la saison, vous pouvez utiliser des haricots verts surgelés, qui ont les mêmes valeurs nutritionnelles que les frais, en adaptant le temps de cuisson.

Purée de patate douce

1 BÉBÉ

10 MIN

20 MIN

150 g de patate douce

1. Lavez et épluchez la patate douce. Détaillez-la en dés.

2. Plongez-les dans de l'eau froide non salée, puis faites bouillir et prolongez la cuisson 15 à 20 minutes.

3. Une fois la patate douce cuite, réservez le jus de cuisson et mixez-la finement, en ajoutant un peu d'eau de cuisson pour obtenir une texture fondante.

1 BÉBÉ

10 MIN

15 MIN

Purée de courgettes et patate douce

100 g de courgettes, 50 g de patate douce

1. Lavez et épluchez les légumes. Coupez-les en petits morceaux avant de les faire cuite 15 minutes à l'eau bouillante non salée.

2. Mixez finement en ajoutant un peu de jus de cuisson si nécessaire pour obtenir une purée avec une texture bien lisse.

Purée de butternut

1 BÉBÉ

10 MIN

20 MIN

150 g de butternut

1. Lavez et épluchez le butternut, puis ôtez-en les pépins. Coupez-le en dés et faites-les cuire 20 minutes dans de l'eau bouillante non salée.

2. Une fois les dés cuits, réservez le jus de cuisson et mixez le butternut finement pour obtenir une purée bien lisse. Vous pouvez ajouter un peu de jus pour obtenir une texture plus liquide.

Purée de panais

1 BÉBÉ

10 MIN

20 MIN

150 g de panais

1. Lavez et épluchez les panais. Rincez-les de nouveau avant de les couper en rondelles.

2. Faites-les cuire 20 minutes dans de l'eau bouillante non salée.

3. Réservez ensuite le jus de cuisson et mixez le panais finement pour obtenir une purée bien lisse.

4. Vous pouvez ajouter un peu de jus pour obtenir une texture plus liquide.

Purée de butternut et panais

1 BÉBÉ
10 MIN
20 MIN

120 g de butternut, 30 g de panais

1. Lavez et épluchez le butternut, puis ôtez-en les pépins. Coupez-le en dés.

2. Lavez et épluchez le panais. Rincez-le de nouveau avant de le couper en rondelles.

3. Faites cuire les légumes 20 minutes dans de l'eau bouillante non salée.

4. Mixez finement pour obtenir une purée bien lisse. Vous pouvez ajouter un peu de jus de cuisson pour obtenir une texture plus souple.

Purée de céleri-rave

1 BÉBÉ

10 MIN

20 MIN

150 g de céleri-rave

1. Lavez et épluchez le céleri-rave. Rincez-le de nouveau avant de le couper en petits dés.

2. Faites cuire le céleri-rave 20 minutes dans de l'eau bouillante non salée.

3. Mixez finement pour obtenir une purée bien lisse. Vous pouvez ajouter un peu de jus de cuisson pour obtenir une texture plus souple.

Purée de carottes, patate douce et céleri-rave

1 BÉBÉ

10 MIN

20 MIN

90 g de carottes, 30 g de patate douce, 30 g de céleri-rave

1. Lavez et épluchez les légumes. Coupez-les en petits morceaux.

2. Faites cuire les légumes 20 minutes dans de l'eau bouillante non salée.

3. Mixez finement pour obtenir une purée bien lisse. Vous pouvez ajouter un peu de jus de cuisson pour obtenir une texture plus souple.

1 BÉBÉ

10 MIN

20 MIN

Purée de poireaux et carottes

100 g de blancs de poireaux, 50 g de carottes

1. Ôtez la première feuille des poireaux. Lavez-les très soigneusement avant de les émincer en julienne.

2. Lavez et épluchez les carottes. Rincez-les de nouveau avant de les couper en rondelles.

3. Faites cuire les légumes 20 minutes dans de l'eau bouillante non salée.

4. Mixez finement pour obtenir une purée bien lisse. Vous pouvez ajouter un peu de jus de cuisson pour obtenir une texture plus souple.

Notre suggestion

Si vous manquez de temps, ou en dehors de la saison, vous pouvez utiliser des poireaux surgelés, qui ont les mêmes valeurs nutritionnelles que les frais.

Purée de potiron au persil

1 BÉBÉ

10 MIN

20 MIN

150 g de potiron, 4 feuilles de persil plat

1. Rincez abondamment le persil plat à l'eau.

2. Lavez et épluchez le potiron. Ôtez les pépins et coupez-le en dés avant de le placer dans une casserole d'eau et faites-le cuire 20 minutes à l'eau bouillante non salée.

3. Mixez finement le potiron en ajoutant progressivement le persil pour obtenir une purée bien lisse. Vous pouvez ajouter un peu de jus de cuisson pour obtenir une texture plus liquide.

1 BÉBÉ

10 MIN

20 MIN

Purée de potimarron et haricots verts

75 g de potimarron, 75 g de haricots verts

1. Lavez et épluchez le potimarron, puis ôtez-en les pépins. Coupez-le en dés.

2. Lavez et équeutez les haricots verts. Coupez-les en petits tronçons.

3. Faites cuire les légumes 20 minutes dans de l'eau bouillante non salée.

4. Mixez finement pour obtenir une purée bien lisse. Vous pouvez ajouter un peu de jus de cuisson pour obtenir une texture plus souple.

Notre suggestion

Si vous manquez de temps, ou en dehors de la saison, vous pouvez utiliser des haricots verts surgelés, qui ont les mêmes valeurs nutritionnelles que les frais.

Compote de pomme

1 BÉBÉ

10 MIN

25 MIN

1 pomme

1. Lavez et épluchez la pomme, puis ôtez-en les pépins et le trognon.

2. Coupez-la en cubes et faites-la cuire dans une casserole avec 3 cuillères à soupe d'eau, à feu doux, pendant 20 à 25 minutes en mélangeant régulièrement.

3. Mixez finement, en ajoutant un peu d'eau si nécessaire pour obtenir une texture fondante.

4. Laissez tiédir puis réfrigérez au moins 2 heures avant de servir à bébé.

1 BÉBÉ

10 MIN

25 MIN

Compote de poire

1 poire

1. Lavez et épluchez la poire. Ôtez les pépins et le trognon.

2. Coupez-la en cubes et faites-la cuire dans une casserole avec 2 cuillères à soupe d'eau, à feu doux, pendant 20 à 25 minutes en mélangeant régulièrement.

3. Mixez finement, en ajoutant un peu d'eau si nécessaire pour obtenir une texture fondante.

4. Laissez tiédir puis réfrigérez au moins 2 heures avant de servir à bébé.

Compote d'abricots

1 BÉBÉ

10 MIN

25 MIN

150 g d'abricots

1. Lavez et pelez délicatement les abricots, puis ôtez les noyaux.

2. Coupez-les en cubes et faites-les cuire dans une casserole avec 2 à 3 cuillères à soupe d'eau, à feu très doux, pendant 20 à 25 minutes en mélangeant régulièrement.

3. Mixez finement, en ajoutant un peu d'eau si nécessaire pour obtenir une texture fondante.

4. Laissez tiédir puis réfrigérez au moins 2 heures avant de servir à bébé.

Compote de pêche

1 BÉBÉ
10 MIN
25 MIN

1 pêche

1. Lavez et ôtez délicatement la peau de la pêche, puis ôtez le noyau.

2. Coupez-la en cubes et faites-la cuire dans une casserole avec 2 à 3 cuillères à soupe d'eau, à feu très doux, pendant 20 à 25 minutes en mélangeant régulièrement.

3. Mixez finement, en ajoutant un peu d'eau si nécessaire pour obtenir une texture fondante.

4. Laissez tiédir puis réfrigérez au moins 2 heures avant de servir à bébé.

Compote pomme-banane

1 BÉBÉ

10 MIN

25 MIN

1 pomme, 35 g de banane

1. Épluchez la banane et coupez-la en morceaux.

2. Lavez et épluchez la pomme, ôtez-en les pépins et le trognon avant de la couper en cubes.

3. Faites cuire la banane et la pomme dans une casserole avec 2 à 3 cuillères à soupe d'eau, à feu très doux, pendant 20 à 25 minutes en mélangeant régulièrement.

4. Mixez finement, en ajoutant un peu d'eau si nécessaire pour obtenir une texture fondante.

1 BÉBÉ

10 MIN

25 MIN

Compote nectarine-abricots

75 g de nectarine, 75 g d'abricots

1. Lavez et ôtez délicatement la peau de la nectarine et de l'abricot, puis ôtez les noyaux.

2. Faites cuire la nectarine et l'abricot dans une casserole avec 2 à 3 cuillères à soupe d'eau, à feu très doux, pendant 20 à 25 minutes en mélangeant régulièrement.

3. Mixez finement, en ajoutant un peu d'eau si nécessaire pour obtenir une texture fondante.

Compote de pomme et mirabelles

1 BÉBÉ

10 MIN

25 MIN

75 g de pomme, 75 g de mirabelles

1. Lavez et épluchez la pomme, puis ôtez-en les pépins et le trognon.

2. Lavez les mirabelles et ôtez-en les noyaux.

3. Coupez les fruits en morceaux et faites-les cuire dans une casserole avec 3 cuillères à soupe d'eau, à feu doux, pendant 20 à 25 minutes en mélangeant régulièrement.

4. Mixez finement, en ajoutant un peu d'eau si nécessaire pour obtenir une texture fondante.

5. Laissez tiédir puis réfrigérez au moins 2 heures avant de servir à bébé.

Notre suggestion

Si vous manquez de temps, ou en dehors de la saison, vous pouvez utiliser des mirabelles surgelées, qui ont les mêmes valeurs nutritionnelles que les fraîches.

Compote pomme-coing

1 BÉBÉ

10 MIN

25 MIN

1 pomme, 50 g de coing

1. Lavez et épluchez la pomme et le coing. Ôtez les pépins et le trognon et coupez la pomme en cubes. Coupez le coing en cubes également.

2. Faites-les cuire dans une casserole avec 3 cuillères à soupe d'eau, à feu doux, pendant 20 à 25 minutes en mélangeant régulièrement.

3. Mixez finement, en ajoutant un peu d'eau si nécessaire pour obtenir une texture fondante.

4. Laissez tiédir puis réfrigérez au moins 2 heures avant de servir à bébé.

Compote poire-mirabelles

1 BÉBÉ
10 MIN
25 MIN

100 g de poire, 50 g de mirabelles

1. Lavez et épluchez la poire, puis ôtez-en les pépins et le trognon. Coupez-la en cubes.

2. Lavez les mirabelles et ôtez-en les noyaux.

3. Coupez les fruits en morceaux et faites-les cuire dans une casserole avec 3 cuillères à soupe d'eau, à feu doux, pendant 20 à 25 minutes en mélangeant régulièrement.

4. Mixez finement, en ajoutant un peu d'eau si nécessaire pour obtenir une texture fondante.

5. Laissez tiédir puis réfrigérez au moins 2 heures avant de servir à bébé.

Notre suggestion

Si vous manquez de temps, ou en dehors de la saison, vous pouvez utiliser des mirabelles surgelées, qui ont les mêmes valeurs nutritionnelles que les fraîches.

Compote pomme-pruneau

1 BÉBÉ

10 MIN

25 MIN

1 pomme, 1 pruneau

1. Lavez et épluchez la pomme, puis ôtez-en les pépins et le trognon. Coupez-la en cubes.

2. Lavez et dénoyautez le pruneau, puis coupez-le en morceaux.

3. Faites cuire la pomme et le pruneau dans une casserole avec 3 cuillères à soupe d'eau, à feu doux, pendant 20 à 25 minutes en mélangeant régulièrement.

4. Mixez finement, en ajoutant un peu d'eau si nécessaire pour obtenir une texture fondante.

5. Laissez tiédir puis réfrigérez au moins 2 heures avant de servir à bébé.

Compote pomme-raisin

1 BÉBÉ
10 MIN
25 MIN

75 g de pomme, 75 g de raisin blanc

1. Lavez et épluchez la pomme. Ôtez les pépins et le trognon et coupez-la en cubes.

2. Rincez les grains de raisin et coupez-les en deux. À l'aide d'un couteau pointu, ôtez tous les pépins (ou choisissez une variété sans pépins).

3. Faites cuire la pomme et le raisin dans une casserole avec 3 cuillères à soupe d'eau, à feu doux, pendant 20 à 25 minutes en mélangeant régulièrement.

4. Mixez finement, en ajoutant un peu d'eau si nécessaire pour obtenir une texture fondante.

1 BÉBÉ
10 MIN
20 MIN

Blanc de poulet et compotée de laitue aux carottes

6 feuilles de laitue, 2 branches de persil, 150 g de carottes, 10 g de blanc de poulet cuit, 1 filet d'huile d'olive

1. Lavez les feuilles de laitue et émincez-les. Rincez les branches de persil.

2. Lavez et épluchez les carottes. Rincez-les de nouveau avant de les couper en rondelles.

3. Placez les carottes et la laitue dans une casserole d'eau bouillante non salée et faites-les cuire 20 minutes.

4. Mixez finement les légumes avec le persil et le poulet pour obtenir une purée.

5. Vous pouvez ajouter un peu de jus de cuisson pour obtenir une texture plus liquide.

6. Ajoutez le filet d'huile d'olive avant de servir à bébé.

Aiguillette de canard et duo panais-carottes

1 BÉBÉ

10 MIN

15 MIN

80 g de panais, 80 g de carottes, 30 g de pomme de terre, 10 g d'aiguillette de canard, 1 filet d'huile d'olive

1. Lavez et épluchez les panais, les carottes et la pomme de terre. Rincez-les de nouveau avant de les couper en rondelles et en morceaux.

2. Coupez l'aiguillette de canard en petits cubes.

3. Faites cuire les légumes et le canard à la vapeur pendant 15 minutes.

4. Une fois le tout cuit, réservez le jus de cuisson et mixez l'ensemble, en ajoutant un peu de jus de cuisson si besoin.

5. Ajoutez le filet d'huile d'olive avant de servir.

1 BÉBÉ

10 MIN

20 MIN

Jardinière de légumes au jambon

30 g de pomme de terre, 50 g de haricots verts, 60 g de carottes, 60 g de navets, 10 g de jambon blanc, 1 noisette de beurre

1. Épluchez, rincez et coupez en petits dés la pomme de terre.

2. Lavez et équeutez les haricots verts. Coupez-les en petits tronçons.

3. Lavez et épluchez les carottes et les navets, puis émincez-les en rondelles.

4. Placez tous les légumes dans une casserole d'eau bouillante non salée et faites-les cuire 20 minutes.

5. Mixez finement l'ensemble avec le jambon pour obtenir une purée. Ajoutez la noisette de beurre.

Notre suggestion

Vous pouvez ajouter un peu de jus de cuisson pour obtenir une texture plus liquide.

Parmentier de bœuf à la cristophine

1 BÉBÉ

10 MIN

25 MIN

50 g de pomme de terre, 150 g de cristophine, 1 noisette de beurre, 2 tomates cerises, 10 g de steak haché

1. Épluchez, rincez et coupez en petits dés la pomme de terre.

2. Épluchez la cristophine et ôtez-en le noyau, puis coupez-la en petits morceaux.

3. Placez les légumes dans une casserole d'eau bouillante non salée et faites-les cuire 20 minutes.

4. Une fois la cristophine et la pomme de terre cuites, réservez le jus de cuisson et mixez le tout, avec le beurre. Ajoutez du jus de cuisson si besoin pour obtenir une texture plus fondante.

5. Lavez et coupez en quatre les tomates cerises.

6. Dans une poêle antiadhésive, faites cuire le steak haché à cœur avec les tomates. Mixez ensemble, en ajoutant du jus de cuisson des légumes si besoin.

7. Dressez tel un hachis Parmentier : une couche de bœuf à la tomate surplombée de la purée de cristophine.

Notre suggestion

Vous pouvez très bien remplacer les cristophines par des courgettes.

Thon, purée de brocolis, carottes, semoule

gluten
poisson

1 BÉBÉ

10 MIN

25 MIN

30 g de semoule de blé, 80 g de bouquets de brocolis, 80 g de carottes, 10 g de thon germon à l'huile, 1 filet d'huile du thon

1. Lavez les brocolis. Gardez bien uniquement les bouquets et ôtez les tiges.

2. Lavez et épluchez les carottes. Rincez-les de nouveau avant de les couper en rondelles.

3. Faites cuire les carottes et les brocolis 20 minutes dans une casserole d'eau bouillante non salée.

4. Réservez ensuite le jus de cuisson et mixez les légumes avec le thon et un filet d'huile, en ajoutant si besoin de l'eau de cuisson pour obtenir une texture fondante.

5. Faites cuire la semoule dans un verre d'eau de cuisson des légumes pendant 3-4 minutes.

6. Ajoutez la semoule cuite à la purée et servez à bébé.

Filet mignon à la purée de courgettes et tomate

1 BÉBÉ

10 MIN

15 MIN

150 g de courgettes, 50 g de tomate, 10 g de filet mignon, 1 filet d'huile d'olive

1. Lavez et épluchez les courgettes, puis ôtez-en les pépins. Coupez-les en dés.

2. Mondez la tomate en la plongeant 5 minutes dans l'eau bouillante et ôtez-en les graines. Détaillez la chair en petits dés.

3. Coupez le filet mignon en petits cubes.

4. Placez les courgettes, la tomate et le filet mignon dans le panier cuisson de cuit-vapeur et faites cuire 15 minutes.

5. Une fois que le tout est cuit, réservez le jus de cuisson et mixez l'ensemble en ajoutant un peu de jus pour obtenir la texture désirée.

6. Ajoutez le filet d'huile d'olive.

Merlan et sa purée d'épinards

poisson

1 BÉBÉ

10 MIN

20 MIN

50 g de pomme de terre, 150 g d'épinards, 10 g de filet de merlan, 1 noisette de beurre

1. Épluchez, rincez et coupez en petits dés la pomme de terre.

2. Rincez abondamment les épinards. Coupez les tiges.

3. Coupez le filet de merlan en petits cubes.

4. Placez la pomme de terre dans une casserole d'eau bouillante non salée et faites cuire 20 minutes. Ajoutez le merlan après 10 minutes de cuisson et les épinards 5 minutes encore après.

5. Réservez ensuite le jus de cuisson et mixez les épinards, les pommes de terre et le poisson ensemble, en ajoutant un peu de jus pour obtenir une texture fondante.

6. Ajoutez la noisette de beurre.

1 BÉBÉ

10 MIN

30 MIN

Agneau à la polenta et purée de haricots verts

30 g de polenta, 150 g de haricots verts, 50 g de navets, 10 g d'agneau, 1 filet d'huile d'olive

1. Lavez et équeutez les haricots verts. Coupez-les en petits tronçons.

2. Lavez et épluchez les navets. Émincez-les en rondelles.

3. Coupez l'agneau en petits cubes.

4. Faites cuire les haricots verts, les navets et l'agneau 20 minutes dans une casserole d'eau bouillante non salée.

5. Réservez ensuite le jus de cuisson et mixez les légumes et la viande avec le filet d'huile, en ajoutant si besoin de l'eau de cuisson pour obtenir une texture fondante.

6. Faites cuire la polenta dans l'eau de cuisson des légumes pendant environ 10 minutes.

7. Ajoutez immédiatement la polenta cuite à la purée, déliez si besoin avec de l'eau de cuisson et servez à bébé.

Filet de cabillaud et purée de petits pois

poisson

1 BÉBÉ

10 MIN

15 MIN

180 g de petits pois frais, 10 g de filet de cabillaud, 1 filet d'huile d'olive

1. Écossez les petits pois, lavez-les et séchez-les. Coupez le cabillaud en petits dés.

2. Placez les légumes et le poisson dans le cuit-vapeur et faites chauffer 15 minutes.

3. Une fois les légumes cuits, réservez le jus de cuisson, puis mixez ensemble le poisson et les petits pois en ajoutant un peu de jus pour obtenir la texture souhaitée.

4. Ajoutez l'huile d'olive au moment de servir.

Notre suggestion

Si vous manquez de temps, ou en dehors de la saison, vous pouvez utiliser des petits pois surgelés, qui ont les mêmes valeurs nutritionnelles que les frais, en adaptant le temps de cuisson.

1 BÉBÉ
10 MIN
20 MIN

Filet de veau, purée de poireaux et quinoa

30 g de quinoa, 150 g de blancs de poireaux, 10 g de filet de veau, 1 noisette de beurre

1. Rincez le quinoa et faites-le cuire 10 minutes à l'eau bouillante non salée.

2. Coupez en petits dés le filet de veau.

3. Ôtez la première feuille des poireaux. Lavez-les très soigneusement avant de les émincer en julienne. Rincez-les de nouveau.

4. Placez les légumes et le veau dans le cuit-vapeur et faites-les cuire 10 minutes.

5. Après la cuisson, mixez les poireaux, le veau et le quinoa en ajoutant un peu de jus pour obtenir la texture souhaitée.

6. Ajoutez la noisette de beurre au moment de servir.

Blanc de dinde et purée de potimarron à la pointe de cumin

1 BÉBÉ

10 MIN

20 MIN

150 g de potimarron, 30 g de pomme de terre, 10 g de blanc de dinde, 1 pincée de cumin en poudre, 1 noisette de beurre

1. Lavez et épluchez le potimarron, ôtez-en les pépins. Coupez-le en dés.

2. Épluchez, rincez et coupez en petits dés la pomme de terre.

3. Coupez le blanc de dinde en petits cubes.

4. Faites cuire le potimarron, la pomme de terre, le cumin et la dinde 20 minutes dans une casserole d'eau bouillante non salée.

5. Réservez ensuite le jus de cuisson et mixez les légumes et la viande, en ajoutant si besoin de l'eau de cuisson pour obtenir la texture souhaitée.

6. Ajoutez la noisette de beurre au moment de servir.

poisson

Filet de saumon, purée de potiron et aneth

1 BÉBÉ

10 MIN

20 MIN

180 g de potiron, 30 g de pomme de terre, 10 g de filet de saumon, 2 branches d'aneth, 1 filet d'huile d'olive

1. Lavez et épluchez le potiron, ôtez-en les pépins. Coupez-le en dés. Épluchez, rincez et coupez en petits dés la pomme de terre. Coupez le saumon en petits dés. Rincez l'aneth et placez-le dans un sachet jetable de thé.

2. Faites cuire le potiron, la pomme de terre, le saumon avec l'aneth 20 minutes dans une casserole d'eau bouillante non salée.

3. Réservez ensuite le jus de cuisson, ôtez le sachet d'aneth et mixez les légumes et le poisson, en ajoutant si besoin de l'eau de cuisson pour obtenir la texture souhaitée.

4. Ajoutez l'huile d'olive au moment de servir.

Velouté de courgettes, concombre et fromage frais

lait

1 BÉBÉ

10 MIN

20 MIN

100 g de courgettes, 50 g de concombre, 30 g de pomme de terre, 1 cuillerée à soupe de fromage frais nature, 1 noisette de beurre

1. Lavez puis épluchez les courgettes et le concombre, ôtez-en les pépins. Coupez-les en dés.

2. Épluchez, rincez et coupez en petits dés la pomme de terre.

3. Faites cuire la courgette, le concombre et la pomme de terre 20 minutes dans une casserole d'eau bouillante non salée.

4. Réservez ensuite le jus de cuisson, et mixez les légumes en ajoutant si besoin de l'eau de cuisson pour obtenir la texture souhaitée.

5. Ajoutez le fromage frais et la noisette de beurre.

Notre suggestion

Vous pouvez ajouter de la menthe ou du basilic pour varier vos préparations.

poisson

Filet de colin, velouté de carottes, céleri au curcuma

1 BÉBÉ

10 MIN

20 MIN

80 g de carottes, 30 g de pomme de terre, 80 g de céleri, 10 g de filet de colin, 1 pointe de curcuma, 1 filet d'huile d'olive

1. Lavez puis épluchez les carottes et la pomme de terre. Rincez-les de nouveau avant de les couper en rondelles et en morceaux.

2. Lavez et épluchez le céleri. Rincez-le de nouveau avant de le couper en petits dés.

3. Coupez le colin en petits dés.

4. Faites cuire les carottes, le céleri et la pomme de terre 20 minutes dans une casserole d'eau bouillante non salée. Ajoutez le colin au bout de 10 minutes.

5. Réservez ensuite le jus de cuisson, et mixez les légumes et le colin en ajoutant si besoin de l'eau de cuisson pour obtenir la texture souhaitée.

6. Ajoutez l'huile d'olive au moment de servir.

Velouté de poireaux, pomme de terre et cerfeuil

1 BÉBÉ

10 MIN

20 MIN

150 g de blancs de poireaux, 30 g de pomme de terre, 10 feuilles de cerfeuil, 1 cuillère à café de crème fraîche.

1. Ôtez la première feuille des poireaux. Lavez-les très soigneusement avant de les émincer en julienne. Rincez-les de nouveau.

2. Épluchez, rincez et coupez en petits dés la pomme de terre. Rincez le cerfeuil.

3. Faites cuire les poireaux et la pomme de terre, avec le cerfeuil, 20 minutes dans une casserole d'eau bouillante non salée.

4. Réservez ensuite le jus de cuisson, et mixez les légumes et la crème fraîche en ajoutant si besoin de l'eau de cuisson pour obtenir la texture souhaitée.

gluten

Couscous de légumes au poulet

1 BÉBÉ

10 MIN

25 MIN

30 g de semoule de blé, 50 g de carottes, 50 g de courgettes, 20 g de navets, 50 g de chair de butternut, 10 g de blanc de poulet cuit, 1 filet d'huile d'olive

1. Épluchez, rincez et coupez en petits dés les légumes (carottes, courgettes, navets et butternut).

2. Faites-les cuire 20 minutes dans une casserole d'eau bouillante non salée.

3. Réservez ensuite le jus de cuisson et mixez les légumes avec le poulet, en ajoutant si besoin de l'eau de cuisson pour obtenir une texture fondante.

4. Faites cuire la semoule dans un verre d'eau de cuisson des légumes pendant 3-4 minutes.

5. Ajoutez la semoule cuite à la purée, versez le filet d'huile d'olive et servez à bébé.

Purée de banane myrtilles

1 BÉBÉ

10 MIN

10 MIN

1 banane, 6 ou 8 myrtilles

1. Épluchez la banane et coupez-la en morceaux. Lavez soigneusement les myrtilles. Coupez les fruits en cubes avant de les placer au cuit-vapeur pour 10 minutes.

2. Une fois les fruits cuits, réservez le jus de cuisson et mixez-les en ajoutant du jus de cuisson si besoin pour obtenir la texture souhaitée.

Notre suggestion

Vous pouvez, lorsque bébé sera plus grand, écraser les fruits grossièrement à la fourchette.

Compote ananas-abricots à la badiane

1 BÉBÉ

10 MIN

20 MIN

90 g d'ananas, 80 g d'abricots, 1 étoile de badiane (anis étoilé)

1. Lavez l'ananas, puis ôtez-en la peau.

2. Lavez et retirez délicatement la peau des abricots, puis ôtez les noyaux.

3. Faites cuire l'ananas et l'abricot avec la badiane 20 minutes dans une casserole d'eau bouillante non salée.

4. Réservez ensuite le jus de cuisson, ôtez la badiane et mixez les fruits en ajoutant si besoin de l'eau de cuisson pour obtenir la texture souhaitée.

Compote nectarines-banane à la vanille

1 BÉBÉ

10 MIN

20 MIN

90 g de nectarines, 80 g de banane, ½ gousse de vanille

1. Lavez et ôtez délicatement la peau des nectarines, puis ôtez les noyaux.

2. Épluchez la banane et coupez-la en morceaux.

3. Coupez les fruits en cubes avant de les faire cuire 20 minutes dans une casserole d'eau bouillante non salée.

4. Réservez ensuite le jus de cuisson, et mixez les fruits en ajoutant si besoin de l'eau de cuisson pour obtenir la texture souhaitée.

5. Fendez la gousse de vanille dans sa longueur, grattez les graines à l'aide d'un couteau et ajoutez-les aux fruits.

1 BÉBÉ

10 MIN

10 MIN

Compote de poire à la cardamome

1 poire, 3 graines de cardamome

1. Épluchez la poire, puis ôtez-en les pépins et le trognon.

2. Coupez-la en morceaux avant de la faire cuire 10 minutes à la vapeur avec les graines de cardamone.

3. Une fois la poire cuite, réservez le jus de cuisson et mixez finement, en ajoutant un peu de jus pour obtenir une texture fondante.

Compote de poire au jus de pamplemousse

1 BÉBÉ

10 MIN

20 MIN

1 poire, 2 cuillerées à soupe de jus de pamplemousse

1. Épluchez la poire, puis ôtez-en les pépins et le trognon. Coupez-la en morceaux avant de les placer dans une casserole avec un peu d'eau et le jus de pamplemousse.

2. Faites cuire 15 à 20 minutes. Une fois la poire cuite, mixez-la, en ajoutant un peu d'eau de cuisson si besoin pour obtenir une texture fondante.

1 BÉBÉ

10 MIN

20 MIN

Compote pomme-mandarine à l'eau de fleur d'oranger

1 pomme, 1 mandarine, ½ cuillerée à café d'eau de fleur d'oranger

1. Épluchez la pomme, puis ôtez-en les pépins et le trognon. Pelez la mandarine et ôtez les pépins.

2. Coupez les fruits en morceaux avant de les placer dans une casserole avec un peu d'eau.

3. Faites cuire 20 minutes.

4. Une fois les fruits cuits, mixez-les, en ajoutant l'eau de fleur d'oranger pour obtenir une texture fondante.

Compote de pomme-mangue

1 BÉBÉ

10 MIN

20 MIN

1 pomme, ¼ de mangue, ½ gousse de vanille

1. Épluchez la pomme, puis ôtez-en les pépins et le trognon. Pelez la mangue.

2. Coupez les fruits en morceaux avant de les placer dans une casserole avec un peu d'eau et la gousse de vanille fendue dans la longueur et égrainée.

3. Faites cuire 20 minutes.

4. Une fois les fruits cuits, ôtez la gousse de vanille et mixez-les pour obtenir la texture souhaitée.

1 BÉBÉ

10 MIN

20 MIN

Compote banane-prunes cannelle

1 banane, 6 prunes, 1 pincée de cannelle en poudre

1. Épluchez la banane et coupez-la en morceaux. Lavez les prunes et ôtez-en les noyaux.

2. Coupez les fruits en morceaux avant de les placer dans une casserole avec un peu d'eau et la cannelle.

3. Faites cuire 20 minutes.

4. Une fois les fruits cuits, mixez-les pour obtenir la texture souhaitée.

Compote pomme-banane au jus d'orange

1 BÉBÉ

10 MIN

20 MIN

1 pomme, ½ banane, 3 cuillerées à soupe de jus d'orange

1. Épluchez la pomme, puis ôtez-en les pépins et le trognon. Pelez la banane.

2. Coupez les fruits en morceaux avant de les placer dans une casserole avec un peu d'eau et le jus d'orange.

3. Faites cuire 15 à 20 minutes. Une fois les fruits cuits, mixez-les.

Soupe de fraises à la verveine

1 BÉBÉ

10 MIN

5 MIN

150 g de fraises, 3 feuilles de verveine, 2 cuillerées à soupe de jus de citron

1. Lavez et coupez en quatre les fraises.

2. Rincez les feuilles de verveine et placez-les dans un sachet jetable de thé.

3. Faites infuser la verveine dans de l'eau chaude, puis laissez refroidir.

4. Mixez les fraises avec le jus de citron et ajoutez l'infusion de verveine jusqu'à obtenir la consistance d'une soupe un peu épaisse.

ON COMMENCE À ÉPAISSIR LA PURÉE POUR ALLER VERS DES MORCEAUX

Noix de veau au basilic et patate douce

1 BÉBÉ

10 MIN

20 MIN

140 g de pommes de terre, 50 g de patate douce, 20 g d'oignon, 20 g de noix de veau, 1 brin de basilic, 1 cuillerée à café d'huile d'olive

1. Épluchez, rincez et coupez en petits dés les pommes de terre. Lavez et épluchez la patate douce, puis détaillez-la en dés. Épluchez l'oignon et coupez-le finement. Coupez la noix de veau en petits morceaux.

2. Faites cuire tous les légumes à la vapeur 20 minutes. Ajoutez la noix de veau 15 minutes après le début de cuisson des légumes.

3. Lorsque les légumes et la viande sont cuits, écrasez grossièrement les légumes à la fourchette (ou mixez plus finement si bébé préfère) et mixez la viande avec un peu de légumes ou coupez-la finement en morceaux.

4. Ajoutez l'huile d'olive sur les légumes au moment de servir.

Noix d'agneau et ses légumes à la marocaine

1 BÉBÉ

10 MIN

20 MIN

80 g de courgettes, 60 g de carottes, 40 g de tomate, 40 g de navet, 20 g d'oignon, 20 g de noix d'agneau, 1 pointe de ras el-hanout, 1 filet d'huile d'olive

1. Lavez et épluchez les courgettes. Ôtez-en les pépins et coupez-les en dés.

2. Lavez et épluchez les carottes. Rincez-les de nouveau avant de les couper en rondelles.

3. Lavez la tomate et coupez-la en morceaux. Lavez et épluchez le navet, puis coupez-le en dés. Épluchez l'oignon et coupez-le finement.

4. Coupez la noix d'agneau en fins morceaux.

5. Faites cuire tous les légumes à la vapeur 20 minutes. Ajoutez l'agneau 15 minutes après le début de cuisson des légumes.

6. Lorsque les légumes et la viande sont cuits, écrasez grossièrement les légumes à la fourchette (ou mixez plus finement si bébé préfère) avec la pointe de ras el-hanout et mixez la viande avec un peu de légumes ou coupez-la finement en morceaux.

7. Ajoutez l'huile d'olive sur les légumes au moment de servir.

Guacamole et poulet

1 BÉBÉ

10 MIN

5 MIN

½ avocat, 3 tomates cerises, 60 g de maïs, 20 g de blanc de poulet, 1 filet de jus de citron vert, 1 cuillerée à café d'huile d'olive

1. Pelez l'avocat, ôtez-en le noyau et coupez la chair en cubes. Lavez et coupez en deux les tomates. Rincez le maïs.

2. Coupez le blanc de poulet en petits cubes et faites-le cuire 5 minutes à la vapeur avec les tomates.

3. Une fois le poulet et les tomates cuites, mixez avec l'avocat, le maïs, le jus de citron et l'huile.

4. Gardez une texture légèrement grumeleuse, à moins que bébé n'aime pas encore les morceaux et préfère les purées lisses.

lait

Purée d'aubergine-tomate au parmesan

1 BÉBÉ

10 MIN

10 MIN

150 g d'aubergine, 50 g de pomme de terre, 1 tomate, 30 g de parmesan, 1 filet d'huile d'olive

1. Lavez et épluchez l'aubergine. Ôtez-en les pépins et coupez-la en dés.

2. Épluchez, rincez et coupez en petits dés la pomme de terre.

3. Lavez, pelez la tomate et ôtez-en les pépins.

4. Faites cuire à la vapeur l'aubergine, la tomate et la pomme de terre 10 minutes.

5. Après la cuisson, écrasez grossièrement les légumes ou mixez-les en fonction de la texture souhaitée et ajoutez le parmesan et l'huile d'olive.

Filet de truite et sa purée d'asperges blanches ciboulette-citron

poisson

1 BÉBÉ

10 MIN

10 MIN

130 g de pointes d'asperges blanches, 80 g de pommes de terre, 20 g de truite, 3 ml de jus de citron, 1 cuillerée à café de ciboulette ciselée, 1 filet d'huile d'olive

1. Lavez, pelez les pointes d'asperges et coupez-les en tronçons.

2. Épluchez, rincez et coupez en petits dés les pommes de terre. Coupez la truite en petits dés.

3. Faites cuire à la vapeur les asperges et les pommes de terre 10 minutes et ajoutez la truite après 5 minutes de cuisson.

4. Après la cuisson, écrasez grossièrement les légumes ou mixez-les en fonction de la texture souhaitée avec le jus de citron, la ciboulette et l'huile d'olive.

5. Proposez la truite émiettée à part ou mélangée avec un peu de purée.

Notre suggestion

Si vous manquez de temps, ou en dehors de la saison, vous pouvez utiliser des asperges en conserve, bien rincées.

1 BÉBÉ

10 MIN

10 MIN

Purée de carottes, poireaux au curry

150 g de carottes, 60 g de poireaux, 1 cuillerée à café d'huile d'olive, 1 pointe de curry

1. Lavez et épluchez les carottes. Rincez-les de nouveau avant de les couper en rondelles.

2. Ôtez la première feuille des poireaux. Lavez-les très soigneusement avant de les émincer en julienne. Rincez-les de nouveau.

3. Faites cuire les carottes et les poireaux 10 minutes à la vapeur.

4. Après la cuisson, écrasez grossièrement les légumes ou mixez-les en fonction de la texture souhaitée en ajoutant le curry et l'huile d'olive.

Purée de brocolis-carottes au paprika et jambon

1 BÉBÉ

10 MIN

10 MIN

110 g de bouquets de brocolis, 60 g de carottes, 50 g de pomme de terre, 20 g de jambon blanc, 1 cuillerée à café de crème fraîche, 1 pointe de paprika

1. Lavez les brocolis. Gardez bien uniquement les bouquets et ôtez les tiges.

2. Lavez et épluchez les carottes. Rincez-les de nouveau avant de les couper en rondelles.

3. Épluchez, rincez et coupez en petits dés la pomme de terre. Coupez le jambon en petits morceaux.

4. Faites cuire les carottes et les poireaux 10 minutes à la vapeur.

5. Après la cuisson, écrasez grossièrement les légumes ou mixez-les en fonction de la texture souhaitée en ajoutant la crème fraîche et la pointe de paprika.

Notre suggestion

Vous pouvez aussi proposer le jambon seul coupé très finement ou le mixer avec un peu de purée.

1 BÉBÉ
10 MIN
10 MIN

Aiguillettes de canard, purée de chou-fleur - pomme de terre

160 g de bouquet de chou-fleur, 50 g de pomme de terre, 20 g d'aiguillette de canard, 1 noisette de beurre

1. Lavez le chou-fleur. Gardez uniquement les bouquets et ôtez les tiges.

2. Épluchez, rincez et coupez en petits dés la pomme de terre.

3. Coupez le canard en petits dés.

4. Faites cuire le chou-fleur et la pomme de terre 10 minutes à la vapeur, ajoutez le canard au bout de 5 minutes.

5. Après la cuisson, écrasez grossièrement les légumes ou mixez-les en fonction de la texture souhaitée en ajoutant le beurre.

6. Coupez très finement le canard ou mixez-le avec un peu de purée en fonction de la texture souhaitée pour bébé.

Cabillaud citronné au fenouil

poisson

150 g de fenouil, 50 g de pomme de terre, 20 g d'oignon, 20 g de filet de cabillaud, 1 cuillerée à café d'huile d'olive, 1 cuillerée à café de jus de citron

1 BÉBÉ

10 MIN

10 MIN

1. Lavez le fenouil, ôtez-en les parties vertes et coupez-le en petits morceaux.

2. Épluchez, rincez et coupez en petits dés la pomme de terre.

3. Épluchez l'oignon et coupez-le finement.

4. Coupez le cabillaud en petits dés.

5. Faites cuire le fenouil et la pomme de terre 10 minutes à la vapeur, ajoutez le cabillaud au bout de 5 minutes.

6. Après la cuisson, écrasez grossièrement les légumes ou mixez-les si vous voulez une purée, en ajoutant l'huile d'olive et le jus de citron.

7. Émiettez le cabillaud ou mixez-le avec un peu de purée en fonction de la texture souhaitée pour bébé.

Purée de patate douce, curry et lait de coco

1 BÉBÉ

10 MIN

10 MIN

200 g de patate douce, 1 pincée de curry, 60 g de lait de coco

1. Lavez et épluchez la patate douce.

2. Faites-la cuire 10 minutes à la vapeur.

3. Réservez ensuite le jus de cuisson et mixez avec le lait de coco et le curry pour obtenir la texture que vous souhaitez (fine ou grumeleuse) selon le développement de votre enfant, en ajoutant un peu de jus de cuisson si besoin.

Purée de radis noir, mascarpone et muscade

lait

1 BÉBÉ

10 MIN

10 MIN

160 g de radis noir, 50 g de pomme de terre, 1 cuillerée à soupe de mascarpone, 1 pincée de muscade

1. Lavez et épluchez le radis noir, puis coupez-le en fines rondelles.

2. Épluchez, rincez et coupez en petits dés la pomme de terre.

3. Faites cuire le radis et la pomme de terre 10 minutes à la vapeur.

4. Réservez ensuite le jus de cuisson et mixez avec le mascarpone et la muscade pour obtenir la texture que vous souhaitez (fine ou grumeleuse) selon le développement de votre enfant, en ajoutant un peu de jus de cuisson si besoin.

Purée de carotte et radis roses

1 BÉBÉ

10 MIN

10 MIN

150 g de carottes, 60 g de radis roses, 1 brin de persil, 1 cuillerée à café d'huile d'olive

1. Lavez et épluchez les carottes et les radis, puis coupez-les en fines rondelles.

2. Rincez le persil.

3. Faites cuire les légumes 10 minutes à la vapeur.

4. Réservez ensuite le jus de cuisson et mixez avec l'huile d'olive et le persil pour obtenir la texture que vous souhaitez (fine ou grumeleuse) selon le développement de votre enfant, en ajoutant un peu de jus de cuisson si besoin.

Saumon, purée de salsifis à la ciboulette

poisson

1 BÉBÉ

10 MIN

10 MIN

150 g de salsifis en conserve, 50 g de pomme de terre, 20 g de pavé de saumon, 1 brin de ciboulette, 1 cuillerée à café de crème fraîche

1. Rincez bien les salsifis en conserve et coupez-les en fines rondelles.

2. Épluchez, rincez et coupez en petits dés la pomme de terre.

3. Coupez le saumon en dés en veillant à bien ôter toutes les arêtes.

4. Rincez la ciboulette.

5. Faites cuire les salsifis et la pomme de terre 10 minutes à la vapeur, ajoutez le saumon au bout de 5 minutes.

6. Après la cuisson, écrasez grossièrement les légumes ou mixez-les si vous voulez une purée, en ajoutant la crème fraîche et la ciboulette.

7. Émiettez le cabillaud ou mixez-le avec un peu de purée en fonction de la texture souhaitée pour bébé.

poisson

Filet de sole aux trois choux

1 BÉBÉ

10 MIN

10 MIN

70 g de chou romanesco, 70 g de brocolis, 70 g de chou-fleur, 20 g de filet de sole, 1 brin de ciboulette, 1 cuillerée à café de crème fraîche

1. Lavez les 3 types de choux en gardant uniquement les bouquets et en ôtant les tiges.

2. Coupez la sole en lamelles.

3. Rincez la ciboulette.

4. Faites cuire les choux 10 minutes à la vapeur, ajoutez la sole au bout de 5 minutes.

5. Après la cuisson, écrasez grossièrement les choux ou mixez-les si vous voulez une purée, en ajoutant la crème fraîche et la ciboulette.

6. Émiettez la sole ou mixez-la avec un peu de purée en fonction de la texture souhaitée pour bébé.

Compote à l'ananas et à la cannelle

1 BÉBÉ

10 MIN

15 MIN

100 g de pomme, 50 g d'ananas, 1 pointe de cannelle

1. Épluchez la pomme, puis ôtez-en les pépins et le trognon. Coupez-la en petits dés.

2. Ôtez la peau de l'ananas et coupez-le en petits morceaux.

3. Déposez les fruits dans une casserole avec un peu d'eau et la cannelle et faites cuire 10 à 15 minutes.

4. Une fois les fruits cuits, mixez-les, en ajoutant un peu d'eau si nécessaire pour obtenir la texture souhaitée (compote fine ou avec quelques morceaux).

1 BÉBÉ

10 MIN

15 MIN

Compote de dattes et pomme à la cannelle

1 pomme, 2 dattes, 1 pointe de cannelle

1. Épluchez la pomme, puis ôtez-en les pépins et le trognon. Coupez-la en dés.

2. Lavez et dénoyautez les dattes, puis coupez-les en deux.

3. Déposez les fruits dans une casserole avec un peu d'eau et la cannelle et faites cuire 10 à 15 minutes.

4. Une fois les fruits cuits, mixez-les, en ajoutant un peu d'eau si nécessaire pour obtenir la texture souhaitée (compote fine ou avec quelques morceaux).

Compote de figues au jus de clémentine

1 BÉBÉ

10 MIN

15 MIN

2 figues, 1 pomme, 1 clémentine, ½ gousse de vanille

1. Lavez les figues, ôtez-en la queue et coupez-les en deux.

2. Épluchez la pomme, puis ôtez-en les pépins et le trognon. Coupez-la en petits dés.

3. Pressez le jus de la clémentine.

4. Déposez les fruits dans une casserole avec un peu d'eau et la gousse de vanille fendue et égrainée et faites cuire 10 à 15 minutes.

5. Une fois les fruits cuits, retirez la gousse de vanille et mixez-les, en ajoutant le jus de clémentine.

1 BÉBÉ

10 MIN

15 MIN

Compote pomme, fraises et poivron rouge

80 g de fraises, 50 g de poivron rouge, ½ pomme

1. Rincez puis équeutez les fraises et coupez-les en quatre.

2. Rincez le poivron, ôtez-en les parties blanches et les pépins, puis coupez-le en morceaux.

3. Épluchez la pomme, puis ôtez-en les pépins et le trognon. Coupez-la en dés.

4. Déposez les fruits dans une casserole avec un peu d'eau et faites cuire 15 minutes.

5. Une fois les fruits cuits, mixez-les, finement ou grossièrement, en ajoutant le jus de cuisson si nécessaire.

Compote de fruits exotiques

1 BÉBÉ
10 MIN
10 MIN

½ pomme, ½ kiwi, ½ fruit de la passion

1. Épluchez la pomme, puis ôtez-en les pépins et le trognon. Coupez-la en dés.

2. Épluchez le kiwi et coupez-le en petits morceaux.

3. Prélevez la chair du fruit de la passion et passez-la au chinois pour en extraire le jus.

4. Faites cuire 10 minutes à la vapeur la pomme.

5. Réservez ensuite le jus de cuisson et mixez la pomme avec le kiwi et le jus du fruit de la passion.

6. Ajoutez si besoin un peu de jus de cuisson pour obtenir la texture souhaitée pour bébé.

Compote pomme-poire-groseilles

1 BÉBÉ

10 MIN

15 MIN

80 g de pomme, 80 g de poire, 10 groseilles

1. Épluchez la pomme et la poire, puis ôtez-en les pépins et le trognon. Coupez-les en dés.

2. Rincez les groseilles.

3. Déposez les fruits dans une casserole avec un peu d'eau et faites cuire 15 minutes.

4. Une fois les fruits cuits, mixez-les, finement ou grossièrement, en ajoutant un peu d'eau si nécessaire.

Compote kaki-banane vanillée

1 BÉBÉ

10 MIN

10 MIN

120 g de kaki, 60 g de banane, ½ gousse de vanille

1. Coupez le kaki en deux et prélevez la chair à l'aide d'une cuillère. Épluchez la banane et coupez-la en rondelles.

2. Faites cuire 10 minutes à la vapeur les fruits avec les graines de la gousse de vanille.

3. Une fois les fruits cuits, réservez le jus de cuisson et mixez-les finement ou grossièrement en fonction de la texture souhaitée pour bébé.

1 BÉBÉ

10 MIN

15 MIN

Compote pomme-litchis-pamplemousse

1 pomme, 5 litchis, ½ pamplemousse

1. Épluchez la pomme, puis ôtez-en les pépins et le trognon. Coupez-la en dés.

2. Épluchez les litchis, ôtez-en les noyaux et coupez les fruits en petits morceaux.

3. Pressez le jus du pamplemousse.

4. Déposez les fruits dans une casserole avec un peu d'eau et faites cuire 10 à 15 minutes.

5. Une fois les fruits cuits, mixez-les en ajoutant le jus de pamplemousse.

Compote abricots-melon à la noix de coco

1 BÉBÉ
10 MIN
10 MIN

120 g d'abricots, 90 g de melon, 5 g de noix de coco râpée

1. Lavez les abricots avant d'en ôter les noyaux.

2. Lavez le melon, ôtez-en la peau et les pépins.

3. Faites cuire 10 minutes à la vapeur les abricots.

4. Une fois qu'ils sont cuits, mixez les abricots avec le melon et la noix de coco, en ajoutant si besoin du jus de cuisson des abricots pour obtenir la texture souhaitée pour bébé.

1 BÉBÉ
10 MIN
15 MIN

Compote poire-fraises-rhubarbe à la vanille

½ poire, 2 fraises, 1 tige de rhubarbe, ½ gousse de vanille

1. Épluchez la poire, puis ôtez-en les pépins et le trognon. Coupez-la en dés.

2. Lavez et équeutez les fraises et coupez-les en quatre.

3. Rincez la tige de rhubarbe, coupez les extrémités, et pelez-la avant de la couper en tronçons.

4. Déposez les fruits dans une casserole avec un peu d'eau et la gousse de vanille égrainée et faites cuire 10 à 15 minutes.

5. Une fois les fruits cuits, ôtez la vanille et mixez en ajoutant si besoin du jus de cuisson des abricots pour obtenir la texture souhaitée pour bébé.

DÉBUT DES MORCEAUX

Filet de bar et ses trois légumes

poisson

1 BÉBÉ

15 MIN

10 MIN

70 g de courgettes, 70 g d'aubergine, 70 g de carottes, 30 g de filet de bar, 1 cuillerée à café d'huile d'olive

1. Lavez les courgettes. Ôtez-en les pépins et coupez-les en dés.

2. Lavez et coupez en morceaux l'aubergine.

3. Lavez et épluchez les carottes. Rincez-les de nouveau avant de les couper en rondelles.

4. Faites cuire à la vapeur les légumes 10 minutes et ajoutez le bar après 5 minutes de cuisson.

5. En fonction de votre enfant, proposez les légumes fondants entiers ou écrasez-les grossièrement. Versez un filet d'huile d'olive avant de les servir accompagnés du bar émietté.

lait

Filet de bœuf et caviar d'aubergine

1 BÉBÉ
15 MIN
20 MIN

180 g d'aubergine, 50 g de fromage blanc 40 %, 1 cuillerée à café de jus de citron, 1 cuillerée à soupe d'huile d'olive, 30 g de bœuf haché, 1 branche de persil

1. Lavez et coupez en morceaux l'aubergine.

2. Faites-la cuire à la vapeur 10 minutes.

3. Une fois l'aubergine cuite, mixez-la avec le fromage blanc et le jus de citron.

4. Faites chauffer l'huile dans une poêle et faites-y cuire la viande de bœuf.

5. Lavez et ciselez le persil.

6. Servez le caviar parsemé de la viande de bœuf et du persil finement ciselé.

Crème d'asperges blanches

lait

150 g d'asperges blanches, 80 g de pommes de terre, 1 cuillerée à soupe de fromage blanc 40 %, 3 feuilles de coriandre, 1 noisette de beurre

1 BÉBÉ

15 MIN

10 MIN

1. Lavez et pelez les pointes d'asperges, puis coupez-les en tronçons.

2. Lavez et épluchez les pommes de terre, puis détaillez-les en dés.

3. Faites cuire à la vapeur 10 minutes les asperges et les pommes de terre.

4. Une fois les légumes cuits, réservez le jus de cuisson et mixez, en ajoutant le fromage blanc et les feuilles de coriandre afin d'obtenir une texture crémeuse.

5. Ajoutez la noisette de beurre.

6. Vous pouvez ajouter un peu de jus pour obtenir la texture d'une soupe.

Notre suggestion

Si vous manquez de temps, ou en dehors de la saison, vous pouvez utiliser des asperges en conserve, bien rincées, qui ont les mêmes valeurs nutritionnelles que les fraîches.

lait
gluten

1 BÉBÉ

15 MIN

20 MIN

Crumble de patate douce au jambon

160 g de patate douce, 50 g de pomme de terre, 10 g de farine, 5 g de beurre, 5 g de parmesan, 30 g de jambon blanc, 1 cuillerée à café d'huile d'olive, 2 feuilles de persil

1. Préchauffez votre four à 180 °C.

2. Lavez et épluchez la patate douce et la pomme de terre.

3. Lavez le persil.

4. Détaillez-les en dés et faites-les cuire à la vapeur 10 minutes.

5. Une fois les légumes cuits, écrasez-les en ajoutant l'huile d'olive et le persil.

6. Préparez le crumble en mélangeant grossièrement à la main la farine, le beurre et le parmesan.

7. Coupez finement le jambon et ajoutez-le à la purée de patate douce.

8. Dressez dans un ramequin allant au four la purée parsemée de pâte à crumble et faites dorer au four 10 minutes. Laissez tiédir avant de proposer à bébé.

Filet de poulet, boulgour et curry de courgettes

gluten

1 BÉBÉ

15 MIN

20 MIN

30 g de boulgour, 150 g de courgettes, 1 cuillerée à soupe de lait de coco, 1 cuillerée à soupe d'huile d'olive, 30 g de blanc de poulet, 1 pointe de curry

1. Faites cuire le boulgour dans de l'eau bouillante non salée environ 10 minutes.

2. Pendant ce temps-là, lavez les courgettes. Ôtez-en les pépins et coupez-les en dés.

3. Faites cuire 10 minutes les courgettes à la vapeur.

4. Une fois les courgettes cuites, mélangez-les avec le lait de coco et le curry.

5. Faites chauffer l'huile dans une poêle et faites-y cuire à feu doux le blanc de poulet.

6. Coupez la viande en petits morceaux et servez-la accompagnée des légumes et du boulgour.

7. Vous pouvez aussi mélanger le boulgour avec les légumes.

gluten

Couscous à la dinde et raisins secs

1 BÉBÉ

15 MIN

20 MIN

30 g de semoule de blé fine, 150 g de carottes, 1 brin de romarin, 1 cuillerée à soupe d'huile d'olive, 30 g de filet de dinde, 1 cuillerée à café de raisins secs

1. Recouvrez la semoule et les raisins secs d'eau bouillante et faites gonfler, à couvert, 5 à 10 minutes.

2. Lavez et épluchez les carottes. Rincez-les de nouveau avant de les couper en rondelles.

3. Faites cuire les carottes 10 minutes à la vapeur, mélangées avec le romarin.

4. Une fois les carottes cuites, ôtez le romarin.

5. Faites chauffer l'huile dans une poêle et faites-y cuire à feu doux le filet de dinde.

6. Coupez la viande en petits morceaux et servez-la accompagnée des carottes et de la semoule aux raisins secs.

Endive au jambon

lait

1 endive, 50 g de pomme de terre, 1 cuillerée à café de crème fraîche, 30 g de jambon blanc, 10 g d'emmental, 2 feuilles de persil plat

1 BÉBÉ

15 MIN

15 MIN

1. Enlevez les premières feuilles de l'endive, rincez-la, coupez-la en deux avant d'ôter le pied et détaillez-la en petits morceaux.

2. Épluchez, rincez et coupez en petits dés la pomme de terre.

3. Rincez le persil.

4. Faites cuire l'endive et la pomme de terre 10 minutes à la vapeur.

5. Mélangez les légumes en morceaux avec la crème fraîche et le persil finement ciselé.

6. Recouvrez les légumes du jambon et parsemez d'emmental avant de faire légèrement gratiner sous le gril du four.

7. Laissez un peu refroidir avant de servir.

lait

Gratin de potiron et champignons à la muscade

1 BÉBÉ

15 MIN

15 MIN

150 g de potiron, 30 g de champignons de Paris, 5 cl de crème fraîche liquide, 1 pointe de noix de muscade, 10 g de fromage râpé

1. Lavez et épluchez le potiron. Ôtez-en les pépins et coupez-le en dés.

2. Une fois ôtée la partie terreuse des pieds de champignons, essuyez-les et émincez-les.

3. Faites cuire les champignons et le potiron 10 minutes à la vapeur.

4. Ajoutez la crème fraîche aux légumes cuits et la pointe de muscade et versez la préparation dans un ramequin.

5. Parsemez de fromage râpé avant de faire gratiner au four quelques minutes.

Notre suggestion

Si vous manquez de temps, ou en dehors de la saison, vous pouvez utiliser des champignons surgelés, qui ont les mêmes valeurs nutritionnelles que les frais.

Parmentier de canard au céleri

1 BÉBÉ

15 MIN

15 MIN

100 g de pommes de terre, 40 g de céleri-rave, 30 g d'aiguillettes de canard, 1 cuillère à café de crème fraîche, 1 cuillère à café d'huile d'olive, 2 feuilles de persil

1. Épluchez, rincez et coupez en petits dés les pommes de terre.

2. Lavez et épluchez le céleri. Rincez-le de nouveau avant de le couper en petits dés.

3. Faites cuire le cèleri et la pomme de terre 10 minutes à la vapeur.

4. Ajoutez la crème fraîche et le persil ciselé aux légumes cuits et écrasez-les grossièrement à la fourchette.

5. Faites chauffer l'huile dans une poêle et faites-y cuire à feu doux le filet de canard.

6. Coupez très finement le canard et présentez sous forme de Parmentier : la viande hachée avec la légumes au-dessus.

gluten

Pâtes à la bolognaise

1 BÉBÉ

15 MIN

25 MIN

100 g de tomates, 30 g de carottes, 30 g de pâtes alphabet, 20 g d'oignon, 1 cuillerée à café d'huile d'olive, 30 g de bœuf haché, 2 feuilles de coriandre

1. Lavez les tomates et coupez-les en quatre.

2. Lavez et épluchez les carottes. Rincez-les de nouveau avant de les couper en rondelles.

3. Pelez l'oignon et coupez-le finement en petits dés.

4. Lavez la coriandre.

5. Faites cuire les carottes 10 minutes à la vapeur.

6. Pendant ce temps, faites cuire dans une grande quantité d'eau les pâtes jusqu'à ce qu'elles soient bien tendres.

7. Faites chauffer l'huile dans une poêle et faites-y revenir à feu doux le bœuf avec l'oignon et les tomates.

8. Ajoutez les carottes cuites, la coriandre ciselée et les pâtes alphabet.

9. Si bébé n'aime pas encore les morceaux, vous pouvez mixer tous les légumes avec la viande et les mélanger avec les pâtes.

Pâtes aux épinards et aux cèpes

gluten

1 BÉBÉ

15 MIN

15 MIN

150 g d'épinards, 50 g de cèpes, 30 g de pâtes alphabet, 1 cuillerée à café d'huile d'olive

1. Rincez abondamment les épinards. Coupez-en les tiges.

2. Enlevez la partie terreuse des pieds, essuyez les cèpes avant de les émincer.

3. Faites cuire les champignons et les épinards 7 minutes à la vapeur.

4. Pendant ce temps, faites cuire dans une grande quantité d'eau les pâtes jusqu'à ce qu'elles soient bien tendres.

5. Une fois les légumes cuits, ajoutez-les aux pâtes et déposez un filet d'huile d'olive dessus.

Notre suggestion

Si vous manquez de temps, ou en dehors de la saison, vous pouvez utiliser des épinards et des champignons surgelés, qui ont les mêmes valeurs nutritionnelles que les frais.

gluten

Veau, petites pâtes alphabet et blancs de poireaux

1 BÉBÉ

15 MIN

25 MIN

120 g de blancs de poireaux, 30 g de pâtes alphabet, 30 g de veau, 1 cuillerée à café d'huile d'olive

1. Ôtez la première feuille des poireaux. Lavez-les très soigneusement et émincez-les en julienne. Rincez-les de nouveau.

2. Coupez le veau en fines tranches.

3. Faites cuire les poireaux 10 minutes à la vapeur.

4. Pendant ce temps, faites cuire dans une grande quantité d'eau les pâtes jusqu'à ce qu'elles soient bien tendres.

5. Faites chauffer l'huile dans une poêle et faites-y cuire à feu doux le veau.

6. Émincez la viande en petits morceaux.

7. Une fois les poireaux cuits, réservez le jus de cuisson. En fonction de votre enfant, vous pouvez les proposer ainsi ou les mixer en ajoutant du jus de cuisson si nécessaire.

8. Servez la viande en petits morceaux, avec les poireaux en julienne ou en purée et les petites pâtes alphabet.

Purée verte et jambon

1 BÉBÉ

15 MIN

10 MIN

140 g de courgettes, 50 g de pomme de terre, ½ avocat, quelques gouttes de jus de citron, 1 cuillerée à café d'huile d'olive, 30 g de jambon blanc

1. Lavez les courgettes. Ôtez-en les pépins et coupez-les en dés.

2. Épluchez, rincez et coupez en petits dés la pomme de terre.

3. Prélevez la chair de l'avocat et écrasez-la avec quelques gouttes de jus de citron pour éviter qu'il noircisse.

4. Faites cuire les courgettes et la pomme de terre 10 minutes à la vapeur.

5. Une fois les légumes cuits, écrasez-les grossièrement à la fourchette avec l'avocat et l'huile d'olive.

6. Coupez le jambon en petits morceaux et servez-le accompagné de la purée.

1 BÉBÉ

15 MIN

15 MIN

Noix d'agneau, asperges et patate douce

120 g d'asperges blanches, 120 g de patate douce, 30 g de noix d'agneau, 1 cuillerée à soupe d'huile d'olive

1. Lavez, pelez les pointes d'asperges et coupez-les en tronçons.

2. Lavez et épluchez la patate douce. Détaillez-la en dés.

3. Faites cuire la patate douce et les asperges 10 minutes à la vapeur.

4. Pendant ce temps, faites chauffer l'huile dans une poêle et faites-y cuire à feu doux la noix d'agneau.

5. Une fois les légumes cuits, déposez un filet d'huile d'olive dessus. Écrasez-les si bébé ne mange pas encore de morceaux.

6. Coupez finement la viande en petits morceaux et servez-la accompagnée des légumes (ou mélangée à la purée).

Purée de betterave et radis rose

1 BÉBÉ

15 MIN

15 MIN

10 g de radis roses, 1 petite betterave rouge crue, 1 brin de persil frais, 1 cuillerée à soupe d'huile d'olive

1. Lavez et équeutez les radis, puis coupez-les en tronçons.

2. Lavez et épluchez la betterave, puis coupez-la en petits dés.

3. Faites cuire les légumes à la vapeur 15 minutes.

4. Une fois les légumes cuits, réservez le jus de cuisson et mixez, avec le persil, en ajoutant un peu de jus de cuisson pour obtenir une texture fondante.

5. Vous pouvez servir aussi bien chaud que froid.

lait

Risotto aux champignons et chou-fleur

1 BÉBÉ

15 MIN

25 MIN

80 g de bouquets de chou-fleur, 15 g de champignons de Paris, 20 g de riz à risotto, 1 cuillerée à café d'échalote hachée, 1 cuillerée à soupe d'huile d'olive, 1 cuillerée à café de crème fraîche, 5 g de parmesan

1. Rincez abondamment le riz. Lavez le chou-fleur. Gardez bien uniquement les bouquets et ôtez les tiges. Émincez-les finement.

2. Une fois ôtée la partie terreuse des pieds de champignons, essuyez-les et émincez-les finement.

3. Faites chauffer l'huile dans une casserole. Ajoutez-y les échalotes pour les faire dorer. Ajoutez le riz et remuez jusqu'à ce qu'il devienne translucide.

4. Ajoutez 10 cl d'eau et remuez régulièrement. Quand l'eau est absorbée, ajoutez de nouveau 10 cl d'eau et remuez jusqu'à absorption, et ainsi de suite jusqu'à ce que le riz soit cuit (cela peut aller jusqu'à 7 fois !).

5. Lorsque tous les ingrédients deviennent fondants, ajoutez la crème fraîche et le parmesan râpé.

6. Mélangez afin que le tout soit bien lié.

Clafoutis poire-litchis

lait
œuf

1 poire, 2 litchis, 30 g de farine, 1 œuf + 1 jaune d'œuf, 1 cuillerée à café de sucre de canne, 10 cl de lait entier ou 2e âge

1 BÉBÉ

10 MIN

35 MIN

1. Épluchez la poire, puis ôtez-en les pépins et le trognon. Coupez-la en dés.

2. Épluchez les litchis, ôtez-en les noyaux et coupez les fruits en deux.

3. Faites cuire les fruits à la vapeur 10 minutes.

4. Une fois les fruits cuits, transférez-les dans un ramequin allant au four.

5. Mélangez la farine, ajoutez les œufs, le sucre et le lait.

6. Versez ce mélange sur les fruits dans le ramequin et faites cuire au four pendant 20 à 30 minutes.

7. Laissez refroidir avant de servir à bébé.

1 BÉBÉ

10 MIN

15 MIN

Compote d'ananas au lait de coco

150 g d'ananas, 5 cl de lait de coco

1. Lavez l'ananas et ôtez-en la peau. Coupez-le en petits dés.

2. Faites cuire l'ananas dans une casserole avec le lait de coco pendant 10 à 15 minutes.

3. Écrasez à la fourchette ou mixez pour obtenir une texture plus fondante.

Crumble aux fruits rouges

1 BÉBÉ

10 MIN

25 MIN

30 g de mûres, 30 g de framboises, 30 g de myrtilles, 40 g de pomme, ¼ de gousse de vanille, 20 g de farine, 10 g de beurre, 10 g de sucre

1. Lavez et coupez les fruits rouges en deux.

2. Épluchez la pomme, puis ôtez-en les pépins et le trognon. Coupez-la en dés.

3. Fendez la gousse de vanille dans sa longueur, grattez les graines à l'aide d'un couteau et ajoutez-les aux fruits.

4. Faites cuire les fruits dans une casserole avec un peu d'eau pendant 15 minutes.

5. Une fois les fruits cuits, transférez-les dans un ramequin allant au four.

6. Dans un saladier, préparez la pâte à crumble en mélangeant grossièrement à la main la farine, le beurre et le sucre, puis parsemez-en les fruits dans le ramequin.

7. Faites gratiner au four 10 minutes jusqu'à ce que le crumble soit doré.

8. Laissez refroidir avant de servir à bébé. Hors saison, vous pouvez utiliser des fruits rouges surgelés.

lait
œuf

Crème dessert à la noix de coco

1 BÉBÉ

10 MIN

20 MIN

1 œuf, 7 cl de lait entier ou 2ᵉ âge, 5 cl de lait de coco

1. Cassez l'œuf et battez-le au fouet.

2. Faites chauffer le lait et le lait de coco dans une casserole.

3. Ajoutez progressivement le lait chaud à l'œuf.

4. Versez cette préparation dans un ramequin et faites cuire à la vapeur 15 minutes.

5. Laissez refroidir au moins 4 heures avant de servir à bébé.

Pannacotta et coulis mûres-poire

lait

1 BÉBÉ

10 MIN

20 MIN

6 mûres, ½ poire, 4 cuillerées à soupe de lait entier ou 2e âge, 4 cuillerées à soupe de crème fraîche liquide, 1 cuillerée à café de sucre, ½ cuillerée à café d'agar-agar

1. Lavez et coupez les mûres en deux.

2. Épluchez la poire, puis ôtez-en les pépins et le trognon. Coupez-la en dés.

3. Faites cuire les fruits 10 minutes à la vapeur.

4. Quand ils sont cuits, mixez-les finement pour obtenir un coulis.

5. Portez à ébullition le lait, la crème liquide et le sucre.

6. Ajoutez l'agar-agar et laissez bouillir de 1 à 2 minutes en remuant, puis versez dans un ramequin.

7. Recouvrez de coulis et laissez refroidir au réfrigérateur 1 heure au minimum.

Notre suggestion

Hors saison, vous pouvez utiliser des fruits rouges surgelés.

lait
œuf

Pudding aux fraises et à la fleur d'oranger

1 BÉBÉ

10 MIN

15 MIN

30 g de mie de pain rassis, 5 cl de lait entier ou 2e âge, 1 œuf, 4 gouttes d'eau de fleur d'oranger, 40 g de fraises

1. Coupez le pain en petits cubes et versez le lait chaud dessus.

2. Dans un bol, cassez l'œuf et battez-le avec l'eau de fleur d'oranger.

3. Ajoutez le lait et le pain, puis écrasez celui-ci à la fourchette.

4. Lavez les fraises, coupez-les en deux et ajoutez-les.

5. Versez cette préparation dans un ramequin et faites-la cuire à la vapeur 15 minutes.

6. Laissez refroidir avant de servir à bébé.

Notre suggestion

Hors saison, vous pouvez utiliser des fruits rouges surgelés.

Smoothie raisin banane

lait

8 rondelles de banane bien mûre, 10 grains de raisin blanc, 50 ml de lait entier ou 2e âge, ½ yaourt nature entier

1 BÉBÉ

10 MIN

1. Coupez la banane en rondelles.

2. Lavez les grains de raisin et coupez-les en deux.

3. Versez les fruits dans la cuve d'un mixeur, ajoutez le lait et le yaourt, puis mixez jusqu'à obtenir une texture onctueuse.

4. Servez bien frais.

lait

Riz au lait et aux abricots

1 BÉBÉ

10 MIN

50 MIN

80 g d'abricots, 80 g de pomme, 30 g de riz rond arborio, 10 cl de lait entier ou 2e âge, ½ gousse de vanille

1. Lavez les abricots et ôtez les noyaux.

2. Épluchez la pomme, puis ôtez-en les pépins et le trognon.

3. Coupez les fruits en cubes et faites-les cuire à la vapeur 10 minutes.

4. Une fois qu'ils sont cuits, réservez les cubes de fruits.

5. Pendant ce temps, dans une casserole, mettez le lait et la gousse de vanille égrainée à chauffer.

6. Lorsque le lait frémit, ôtez la vanille et ajoutez le riz.

7. Faites cuire à feu doux pendant 30-45 minutes en remuant régulièrement.

8. En fin de cuisson, s'il reste encore du lait, c'est normal, en refroidissant le riz va l'absorber.

9. Versez dans un ramequin et recouvrez avec les fruits. Laissez refroidir avant de servir à bébé.

Tapioca au lait de coco et crème de banane

lait

1 BÉBÉ
10 MIN
10 MIN

30 g de tapioca, 100 ml de lait entier ou 2e âge, 30 ml de lait de coco, 50 g de banane, quelques gouttes de jus de citron

1. Faites chauffer le lait et le lait de coco.

2. Lorsqu'il frémit, ajoutez le tapioca et faites cuire à feu moyen en remuant régulièrement 10 minutes.

3. Versez le tapioca dans un ramequin (c'est normal qu'il soit liquide) et laissez refroidir.

4. Épluchez la banane et coupez-la en rondelles.

5. Transférez les morceaux de banane dans le mixeur avec les gouttes de jus de citron et mixez jusqu'à obtenir une crème.

6. Recouvrez le tapioca avec la crème de banane et servez bien frais !

poisson
lait

1 BÉBÉ

15 MIN

45 MIN

Artichaut farci aux crevettes et à la ciboulette

1 petit artichaut, 30 g de crevettes décortiquées, 2 cuillerées à soupe de yaourt nature entier, 1 cuillerée à café de jus de citron, 1 cuillerée à café d'huile d'olive, 2 brins de ciboulette

1. Lavez l'artichaut, ôtez-en les premières feuilles, coupez sa tige et la moitié supérieure des feuilles. Faites cuire 45 minutes à la vapeur.

2. Une fois l'artichaut cuit, réservez le jus de cuisson. Ôtez les feuilles et les poils pour ne garder que le fond d'artichaut.

3. Coupez les crevettes en petits morceaux et mélangez-les avec le yaourt, le jus de citron, l'huile et la ciboulette ciselée.

4. Répartissez cette préparation sur le fond d'artichaut. Servez bien frais.

Notre suggestion

Vous pouvez aussi mixer les crevettes, le yaourt, le jus de citron, l'huile et la ciboulette ciselée pour obtenir une crème plus lisse.

Aubergine à la feta et au romarin

1 BÉBÉ
15 MIN
15 MIN

200 g d'aubergine, 2 tiges de romarin, 1 cuillerée à soupe de feta, 1 cuillerée à café de jus de citron, 1 cuillerée à café d'huile d'olive

1. Lavez l'aubergine. S'il y a des pépins, ôtez-les et coupez la chair en petits dés.

2. Faites cuire l'aubergine à la vapeur avec le romarin.

3. Une fois l'aubergine cuite, ôtez les tiges de romarin et écrasez grossièrement les aubergines avec la feta, le jus de citron et l'huile d'olive.

Notre suggestion

Vous pouvez proposer cette préparation sur un petit toast lorsque votre enfant grandit.

1 BÉBÉ

15 MIN

15 MIN

Bœuf aux carottes, miel et coriandre

200 g de carottes, 30 g de viande de bœuf hachée, 1 cuillerée à café d'huile d'olive, 1 cuillerée à café de miel, 2 feuilles de coriandre

1. Lavez et épluchez les carottes. Rincez-les de nouveau avant de les couper en rondelles.

2. Faites cuire les carottes 10 minutes à la vapeur.

3. Pendant ce temps, faites revenir la viande de bœuf dans une poêle légèrement huilée.

4. Une fois les carottes cuites, mélangez-les avec le miel et l'huile.

5. Servez la viande de bœuf, accompagnée des carottes parsemées de coriandre ciselée.

Boulettes de bœuf, riz et butternut aux épices

1 BÉBÉ

15 MIN

30 MIN

50 g de riz rond, 140 g de butternut, 30 g de viande de bœuf hachée, 2 cuillerées à café d'huile d'olive, 1 pincée de cumin, 1 pincée de curry

1. Rincez le riz rond.

2. Faites-le revenir dans l'huile jusqu'à ce qu'il devienne transparent.

3. Ajoutez 10 cl d'eau et remuez régulièrement. Quand l'eau est absorbée, ajoutez de nouveau 10 cl d'eau et remuez jusqu'à absorption, et ainsi de suite jusqu'à ce que le riz soit cuit.

4. Une fois le riz cuit, ajoutez l'huile d'olive et la pincée de curry.

5. Lavez et épluchez le butternut, puis ôtez-en les pépins avant de le couper en petits dés.

6. Faites cuire le butternut 10 minutes à la vapeur.

7. Pendant ce temps, mélangez la viande hachée avec le cumin, faites des boulettes et faites-les revenir dans une poêle légèrement huilée.

8. Une fois le butternut cuit, ajoutez-le au riz et servez accompagné des boulettes de bœuf.

poisson
gluten

Brandade de morue

1 BÉBÉ

15 MIN

15 MIN

220 g de pommes de terre, 1 lamelle d'oignon, 30 g de filet de cabillaud, 10 g de chapelure, 1 feuille de persil, 1 cuillerée à café d'huile d'olive

1. Lavez et épluchez les pommes de terre, puis détaillez-les en morceaux.

2. Pelez l'oignon et coupez-le finement en petits dés.

3. Faites cuire à la vapeur les pommes de terre, l'oignon et le filet de cabillaud 10 minutes.

4. Après la cuisson, émiettez le cabillaud et déposez-le dans un petit plat ou un gros ramequin allant au four.

5. Écrasez les pommes de terre et l'oignon et mélangez avec le persil, l'huile d'olive.

6. Recouvrez le cabillaud de purée et parsemez de chapelure.

7. Faites gratiner au four quelques minutes.

Compotée de topinambours au safran

1 BÉBÉ

15 MIN

10 MIN

110 g de topinambours, 100 g de carottes, 20 g d'oignon, 1 jus de citron, 1 brin de safran, 1 cuillerée à café d'huile d'olive, 1 feuille de persil

1. Lavez et épluchez les topinambours, puis coupez-les en petits morceaux. Arrosez-les de jus de citron pour éviter qu'ils noircissent.

2. Lavez et épluchez les carottes. Rincez-les de nouveau avant de les couper en petits dés.

3. Pelez l'oignon et coupez-le finement en petits dés.

4. Faites cuire les topinambours, les carottes et l'oignon à la vapeur pendant 10 minutes.

5. Une fois les légumes cuits, écrasez-les à la fourchette et ajoutez le safran et l'huile d'olive.

6. Servez la compotée parsemée de persil ciselé.

poisson
lait

Courgette farcie au quinoa et cabillaud

1 BÉBÉ

15 MIN

45 MIN

30 g de quinoa, 1 courgette ronde, 30 g de cabillaud, 50 g de tomates, 1 cuillerée à café de crème fraîche, 3 brins de ciboulette, 1 cuillerée à café de parmesan, 1 cuillerée à café d'huile d'olive

1. Préchauffez votre four à 180 °C. Rincez le quinoa et faites-le cuire 10 minutes à l'eau bouillante non salée.

2. Pendant ce temps-là, lavez les tomates et coupez la chair en petits morceaux.

3. Lavez et étêtez la courgette et coupez-la en deux.

4. Faites cuire 20 minutes la courgette à la vapeur. 5 minutes avant la fin de cuisson, ajoutez le cabillaud.

5. Prélevez la chair de la courgette cuite pour pouvoir ensuite la farcir.

6. Dans un bol, émiettez le poisson cuit, ajoutez la crème fraîche, le quinoa cuit, la tomate émincée, la ciboulette ciselée et l'huile d'olive. Mélangez et farcissez la courgette avec ce mélange.

7. Disposez dans un plat à gratin et faites cuire au four 15 minutes. Vérifiez bien la température avant de servir à bébé.

Filet de poulet à la crème aux légumes du soleil

1 BÉBÉ

15 MIN

40 MIN

30 g de riz basmati, 70 g de tomates, 130 g de courgettes, 30 g d'escalope de poulet, 20 g d'oignon, 1 cuillerée à café d'huile d'olive, 1 cuillerée à soupe de crème fraîche liquide

1. Faites cuire le riz à l'eau bouillante pendant 11 minutes.

2. Lavez les tomates et coupez-les en quatre.

3. Lavez les courgettes et ôtez-en les pépins si besoin. Coupez-les en dés.

4. Faites cuire les tomates et la courgette 10 minutes à la vapeur.

5. Pelez l'oignon et coupez-le finement en petits dés.

6. Dans une poêle, faites chauffer l'huile d'olive et faites-y dorer l'escalope de poulet 3 minutes par face avec l'oignon.

7. Ajoutez les légumes cuits et déglacez avec la crème liquide.

8. Servez le poulet coupé en petits morceaux, accompagné des légumes à la crème et du riz.

poisson

Filet de sole au citron

1 BÉBÉ

15 MIN

15 MIN

100 g de carottes, 50 g de poireaux, 100 g de pommes de terre, 30 g de filet de sole, quelques gouttes de jus de citron, 1 cuillerée à café d'huile d'olive, 1 cuillerée à café de crème fraîche

1. Lavez et épluchez les carottes. Rincez-les de nouveau avant de les couper en petits morceaux.

2. Ôtez la première feuille des poireaux. Lavez-les très soigneusement avant de les émincer en julienne. Rincez-les de nouveau.

3. Lavez et épluchez les pommes de terre, puis détaillez-les en dés.

4. Faites cuire tous les légumes à la vapeur pendant 15 minutes ; 5 minutes avant la fin de cuisson, ajoutez le filet de sole.

5. Après la cuisson, émiettez la sole et versez quelques gouttes de jus de citron dessus. Ajoutez l'huile d'olive aux légumes.

6. Servez la sole, accompagnée des légumes en petits morceaux ou sous forme de purée, que vous mixerez en ajoutant du jus de cuisson si besoin.

Gratin de blettes et riz

lait

30 g de riz, 140 g de jeunes blettes, 1 cuillerée à soupe de crème fraîche, 1 cuillerée à café d'huile d'olive, 1 feuille de persil, 10 g de comté râpé

1 BÉBÉ

15 MIN

30 MIN

1. Préchauffez votre four à 180 °C.

2. Faites cuire le riz à l'eau bouillante pendant 11 minutes.

3. Lavez et coupez les blettes en petits tronçons.

4. Faites cuire les blettes à la vapeur pendant 10 minutes.

5. Après la cuisson, mélangez-les avec la crème fraîche, l'huile d'olive et le persil ciselé.

6. Mélangez-les au riz et disposez dans un plat à gratin.

7. Parsemez de comté râpé puis faites gratiner au four le fromage. Vérifiez bien la température.

lait
poisson

1 BÉBÉ

15 MIN

15 MIN

Lotte aux légumes et au parmesan

90 g de carottes, 90 g de brocolis, 90 g de pommes de terre, 30 g de lotte, 1 cuillerée à café de parmesan, 1 cuillerée à café d'huile d'olive, 2 feuilles de basilic

1. Lavez et épluchez les carottes. Rincez-les de nouveau avant de les couper en petits morceaux.

2. Lavez les brocolis. Gardez bien uniquement les bouquets et ôtez les tiges.

3. Lavez et épluchez les pommes de terre, puis détaillez-les en dés.

4. Faites cuire les légumes 15 minutes à la vapeur. 5 minutes avant la fin de cuisson, ajoutez la sole.

5. Parsemez les légumes de basilic émincé et de parmesan et la sole d'un filet d'huile d'olive.

Lentilles aux carottes

1 BÉBÉ

15 MIN

40 MIN

30 g de lentilles vertes, 120 g de carottes, 25 g d'oignon, 2 feuilles de coriandre, 1 cuillerée à café d'huile d'olive

1. Placez les lentilles dans 3 fois leur volume d'eau froide et faites cuire 25 minutes à partir de l'ébullition.

2. Lavez et épluchez les carottes. Rincez-les de nouveau avant de les couper en rondelles.

3. Pelez l'oignon et coupez-le finement en petits dés.

4. Lavez la coriandre.

5. Faites cuire les carottes à la vapeur 10 minutes.

6. Faites revenir l'oignon dans une poêle huilée jusqu'à ce qu'il soit doré.

7. Une fois les carottes cuites, ajoutez-les aux oignons et faites-les dorer quelques minutes.

8. Ajoutez les carottes aux lentilles et parsemez de coriandre ciselée.

1 BÉBÉ
15 MIN
25 MIN

Mousseline d'asperges vertes et lentilles corail

20 g de lentilles corail, 120 g d'asperges vertes, 2 cuillerées à soupe de crème fraîche liquide, 1 feuille de coriandre

1. Placez les lentilles dans 3 fois leur volume d'eau froide et faites cuire 15 minutes à partir de l'ébullition.

2. Lavez et épluchez les asperges, ôtez-en les pieds et coupez-les en tronçons.

3. Rincez la coriandre.

4. Faites cuire les asperges 10 minutes à la vapeur.

5. Une fois les asperges et les lentilles cuites, réservez le jus de cuisson et mixez-les avec la crème. Ajoutez du jus de cuisson si besoin pour obtenir la texture mousseuse.

6. Servez dans un bol et parsemez de coriandre ciselée.

Pot-au-feu de canard à l'orange

gluten

1 BÉBÉ

15 MIN

25 MIN

30 g de semoule de blé, 40 g de carottes, 40 g de navet, 20 g de blanc de poireaux, 1 branche de thym, 1 feuille de laurier, 10 g d'oignon blanc, ½ orange non traitée, 1 cuillerée à café d'huile d'olive, 30 g de magret de canard (sans le gras), 1 cuillerée à café de miel

1. Lavez et épluchez les carottes et le navet, puis émincez-les en brunoise.

2. Ôtez la première feuille des poireaux. Lavez-les très soigneusement avant de les émincer en julienne. Rincez-les de nouveau.

3. Faites cuire tous les légumes avec le thym et le laurier à la vapeur pendant 10 minutes.

4. Pelez l'oignon et coupez-le finement en petits dés.

5. Pressez le jus d'orange et prélevez les zestes.

6. Dans une poêle, faites chauffer l'huile d'olive et faites-y dorer le canard 3 minutes par face avec l'oignon.

7. En fin de cuisson, déglacez avec le jus d'orange et ajoutez les zestes et le miel.

8. Faites cuire la semoule en la recouvrant d'eau bouillante pendant environ 5 minutes.

9. Servez le canard coupé en petits morceaux, accompagné des légumes (sans le thym et le laurier) et de la semoule. Vous pouvez verser la sauce sur la semoule.

Poulet à la marocaine

1 BÉBÉ

15 MIN

20 MIN

120 g de carottes, 60 g de pomme de terre, 30 g de blanc de poulet, 25 g d'oignon, 1 cuillerée à café d'huile d'olive, 1 pointe de cumin

1. Lavez et épluchez les carottes. Rincez-les de nouveau avant de les couper en rondelles.

2. Lavez et épluchez la pomme de terre, puis détaillez-la en dés.

3. Faites cuire les carottes et la pomme de terre 10 minutes à la vapeur.

4. Dans une poêle, faites chauffer l'huile d'olive et faites-y dorer l'escalope de poulet 3 minutes par face avec l'oignon et le cumin.

5. Ajoutez les carottes et la pomme de terre cuites et faites dorer quelques minutes.

6. Après la cuisson, coupez le poulet en petits morceaux et servez-le accompagné des légumes.

Ratatouille au miel

1 BÉBÉ

15 MIN

20 MIN

60 g de tomates, 60 g de courgette, 30 g d'aubergine, 20 g de poivron, 20 g d'oignon, 1 cuillerée à café d'huile d'olive, 1 cuillerée à café de miel

1. Lavez les tomates et coupez-les en quatre.

2. Lavez la courgette. Ôtez-en les pépins et coupez-la en dés.

3. Lavez l'aubergine. S'il y a des pépins, ôtez-les et coupez la chair en petits cubes.

4. Rincez le poivron et ôtez-en les parties blanches et les pépins, puis coupez-le en petits morceaux.

5. Pelez l'oignon et coupez-le finement en petits dés.

6. Faites revenir tous les légumes dans une poêle à feu doux, avec l'huile d'olive, jusqu'à ce qu'ils soient fondants.

7. Ajoutez le miel en fin de cuisson.

Taboulé

gluten

30 g de boulgour, 150 g de carottes, 30 g d'oignon émincé, 5 g de raisins secs, 1 cuillerée à café d'huile d'olive, 2 feuilles de persil plat

1 BÉBÉ

15 MIN

20 MIN

1. Faites cuire le boulgour dans de l'eau bouillante non salée environ 10 minutes.

2. Lavez et épluchez les carottes. Rincez-les de nouveau avant de les couper en cubes.

3. Pelez l'oignon et coupez-le finement en petits dés.

4. Coupez les raisins secs en deux.

5. Faites cuire les carottes avec les raisins secs 10 minutes à la vapeur.

6. Une fois les carottes et les raisins cuits, ajoutez-les au boulgour et à l'oignon, versez l'huile d'olive dessus et parsemez de persil plat ciselé.

gluten

Tajine de légumes et semoule à la fleur d'oranger

1 BÉBÉ

15 MIN

15 MIN

30 g de semoule de blé moyenne, 2 ou 3 gouttes d'eau de fleur d'oranger, 30 g de carottes, 30 g de tomates, 30 g de courgette, 20 g de patate douce, 25 g d'oignon, 2 abricots secs, 30 g de blanc de poulet, 1 pointe de ras el-hanout, 1 cuillerée à soupe de pois chiches, 1 cuillerée à café d'huile d'olive

1. Faites cuire la semoule en la recouvrant d'eau bouillante pendant environ 5 minutes.

2. Ajoutez l'eau de fleur d'oranger en fin de cuisson et mélangez bien.

3. Lavez et épluchez les carottes. Rincez-les de nouveau avant de les couper en rondelles.

4. Lavez les tomates et coupez-les en quatre.

5. Lavez la courgette, ôtez-en les pépins et coupez-la en dés.

6. Lavez et épluchez la patate douce, puis détaillez-la en dés.

7. Pelez l'oignon et coupez-le finement en petits dés.

8. Coupez les abricots secs ainsi que le poulet en petits dés.

9. Faites cuire tous les légumes, les abricots et le poulet à la vapeur 10 minutes.

10. Servez la viande coupée en morceaux mélangée aux légumes et accompagnée de la semoule.

œuf

Tortilla de légumes

1 BÉBÉ

15 MIN

25 MIN

40 g de carottes, 40 g de pomme de terre, 30 g de courgette, 15 g d'oignon, 1 œuf, 1 cuillerée à café d'huile d'olive

1. Lavez et épluchez les carottes. Rincez-les de nouveau avant de les couper en rondelles.

2. Lavez et épluchez la pomme de terre, puis détaillez-la en dés.

3. Lavez et épluchez la courgette. Ôtez-en les pépins et coupez-la en dés.

4. Pelez l'oignon et coupez-le finement en petits dés.

5. Faites cuire la carotte, la courgette et la pomme de terre pendant 10 minutes à la vapeur.

6. Faites revenir l'oignon quelques minutes dans une poêlée chaude huilée.

7. Ajoutez-y les légumes.

8. Battez l'œuf en omelette et versez dans la poêle.

9. Faites cuire 4 minutes par face. Vérifiez la température avant de servir.

Filet de poulet et velouté de potimarron, châtaignes

1 BÉBÉ

15 MIN

15 MIN

90 g de potimarron, 70 g de pommes de terre, 10 petites châtaignes, 1 cuillerée à café d'huile d'olive, 30 g de blanc de poulet, 1 cuillerée à soupe de crème fraîche, 1 feuille de persil

1. Lavez et épluchez le potimarron. Ôtez-en les pépins et coupez-le en petits morceaux.

2. Épluchez, rincez et coupez en petits dés les pommes de terre.

3. Épluchez scrupuleusement les châtaignes et passez-les sous l'eau.

4. Faites cuire le potimarron, les pommes de terre et les châtaignes 15 minutes à la vapeur.

5. Pendant ce temps, faites chauffer l'huile d'olive dans une poêle et faites-y dorer le blanc de poulet. Coupez-le finement après la cuisson.

6. Une fois les légumes cuits, réservez le jus de cuisson et transférez le tout dans la cuve du mixeur.

7. Mixez finement, en ajoutant la crème fraîche et un peu de jus pour obtenir une texture fondante.

8. Servez la soupe parsemée de poulet et de persil ciselé.

1 BÉBÉ
10 MIN
20 MIN

Crumble banane-rhubarbe au miel

70 g de banane, 60 g de rhubarbe, 20 g de farine, 10 g de beurre, 10 g de sucre, 1 cuillerée à café de miel

1. Épluchez la banane et coupez-la en rondelles.

2. Rincez la tige de rhubarbe, coupez-en les extrémités, puis pelez-la et coupez-la en tronçons.

3. Faites cuire la rhubarbe 10 minutes à la vapeur.

4. Après la cuisson, mélangez la banane et la rhubarbe et déposez-les dans un ramequin allant au four et nappez de miel.

5. Dans un saladier, préparez la pâte à crumble en mélangeant grossièrement à la main la farine, le beurre, le sucre et parsemez-en les fruits dans le ramequin.

6. Faites gratiner au four 10 minutes jusqu'à ce que le crumble soit doré. Laissez refroidir avant de servir à bébé.

Flocons d'avoine à la pomme vanillée

lait

1 BÉBÉ

10 MIN

15 MIN

100 g de pomme, ½ gousse de vanille, 2 cuillerées à soupe de flocons d'avoine, 10 cl de lait entier, 10 cl d'eau, 1 petite cuillerée de miel

1. Épluchez la pomme, puis ôtez-en les pépins et le trognon. Coupez-la en dés.

2. Fendez la gousse de vanille dans sa longueur, grattez les graines à l'aide d'un couteau et ajoutez-les à la pomme.

3. Faites cuire la pomme dans une casserole avec un peu d'eau et la vanille pendant 10 à 15 minutes.

4. Pendant ce temps, préparez les flocons d'avoine en faisant chauffer le lait avec l'eau, puis ajoutez les flocons d'avoine. Portez à ébullition, puis coupez le feu, couvrez et laissez gonfler.

5. Ajoutez ensuite le miel. Versez dans un ramequin et recouvrez de pomme cuite à la vanille.

lait

Milk-shake banane et crème de châtaignes chocolatée

1 BÉBÉ

10 MIN

15 MIN

3 châtaignes, 160 g de banane, 120 g de fromage blanc 40 %, 1 petite cuillerée de cacao pur, 1 cuillerée à café de sucre

1. Épluchez scrupuleusement les châtaignes. Rincez-les avant de les faire cuire pendant 15 minutes à la vapeur.

2. Une fois les châtaignes cuites, mixez-les avec 40 g de fromage blanc et le cacao. Vous pouvez ajouter une cuillerée de sucre pour adoucir la crème.

3. Réservez au frais.

4. Épluchez la banane et coupez-la en rondelles, puis mixez-la avec les 80 g de fromage blanc restants.

5. Versez dans une petite coupelle la crème de châtaignes et recouvrez-la de milk-shake à la banane.

Riz au lait cannelle et raisins secs

lait

1 BÉBÉ

10 MIN

45 MIN

1 poignée de raisins secs, 30 g de riz rond arborio, 10 cl de lait entier, 1 pincée de cannelle

1. Rincez les raisins secs.

2. Dans une casserole, mettez le lait, les raisins et la cannelle à chauffer.

3. Lorsque le lait frémit, ajoutez le riz.

4. Faites cuire à feu doux pendant 30-45 minutes en remuant régulièrement.

5. En fin de cuisson, s'il reste encore du lait, c'est normal, en refroidissant le riz va l'absorber.

6. Versez le riz dans un ramequin.

7. Vous pouvez servir ce dessert tiède ou froid.

1 BÉBÉ

10 MIN

Smoothie framboises-banane-mangue

2 verres de framboises, ½ banane, ½ mangue, 1 feuille de menthe

1. Sortez les framboises du congélateur 15 minutes avant de commencer.

2. Épluchez la banane et coupez-la en rondelles. Pelez la mangue et coupez-la en morceaux.

3. Placez tous les fruits dans le bol et mixez pour obtenir un mélange bien lisse.

4. Formez une jolie boule décorée de la feuille de menthe avant de servir à bébé.

Yaourt aux fruits rouges et biscuit

lait

1 BÉBÉ

10 MIN

40 g de fraises, 40 g de myrtilles, 1 yaourt au lait entier, 1 petite cuillerée de miel, 1 petit biscuit sec

1. Lavez les fraises, coupez-les en deux. Lavez les myrtilles.

2. Mixez-les en ajoutant le yaourt et le miel.

3. Dressez dans un ramequin et parsemez de biscuit écrasé.

INDEX DES RECETTES

Recettes 4 mois et plus

Recettes 6 mois et plus

Recettes 9 mois et plus

Recettes 12 mois et plus

Recettes 18 mois et plus